# 犯罪心理全档案

## 第五季

凝视深渊 著

台海出版社

**图书在版编目（CIP）数据**

犯罪心理全档案 . 第五季 / 凝视深渊著 . —— 北京：
台海出版社，2019.7
ISBN 978-7-5168-2350-7

Ⅰ . ①犯… Ⅱ . ①凝… Ⅲ . ①犯罪心理学—普及读物
Ⅳ . ① D917.2-49

中国版本图书馆 CIP 数据核字（2019）第 076703 号

# 犯罪心理全档案·第五季

著　　者：凝视深渊

责任编辑：王慧敏　贾风华
责任印制：蔡　旭

出版发行：台海出版社
地　　址：北京市东城区景山东街 20 号　邮政编码：100009
电　　话：010 — 64041652（发行，邮购）
传　　真：010 — 84045799（总编室）
网　　址：www.taimeng.org.cn/thcbs/default.htm
电子邮箱：thcbs@126.com

经　　销：全国各地新华书店
印　　刷：天津旭非印刷有限公司
本书如有破损、缺页、装订错误，请与本社联系调换

开　　本：710 毫米 ×1000 毫米　1/16
字　　数：186 千字　　　　　印　　张：13.75
版　　次：2019 年 7 月第 1 版　　印　　次：2020 年 1 月第 1 次印刷
书　　号：ISBN 978-7-5168-2350-7

定　　价：49.80 元

# 前　言

　　犯罪是人类社会自古以来就存在的顽疾。人类社会的发展与进步就是一部与犯罪行为做斗争的历史。探索罪犯的内心世界，了解他们为何会实施形形色色的犯罪行为，是一个令人着迷的领域。在这个领域中，最有挑战性也最吸引人的是对凶杀案，尤其是连环杀手犯罪心理的研究。在各种各样的罪犯中，连环杀手无疑是最疯狂、最残忍，也最令人费解的异类。他们无法控制自己的杀戮欲望，只有杀人才能平息他们内心的躁动不安，他们就像干渴的人渴望水一样渴望鲜血。所以，期望他们能够主动放下手中的屠刀是不现实的，连环杀手要么自杀，要么被捕，否则，他们就会一直寻找和屠杀"猎物"。

　　连环杀手的内心世界是最为阴暗、扭曲的。他们性侵、虐待、肢解被害人，甚至有以人为食的欲望。如此变态的精神世界是如何形成的呢？他们是天生的罪犯，有着一颗与常人不同的大脑？或者他们有着特殊的人生经历，尤其是童年时生活在贫穷、混乱、暴力的环境中？或者他们曾受到过常人无法想象的痛苦和伤害，导致一个普通人变成了恶魔？每个连环杀手都有自己的故事，他的罪行不过是漫长的成长之路上结出的罪恶果实。

　　了解连环杀手，最好的办法就是读懂他们的故事。这不仅仅是为了猎奇，更是为了了解错综复杂的人性，了解我们自己。人性是神性与兽性的结合体，在我们每个人的内心世界中都潜伏着一头怪兽，当它被某种微妙的因素唤醒时，我们也可能成为罪犯，甚至是罪犯中最恐怖的连环杀手。所以，我们需要在开阔视野的基础上自我修炼和完善，让自己的人生道路始终沿着正确的方向延伸，获得每个人都渴望的人生幸福。

这套《犯罪心理全档案》是作者长期关注连环杀手犯罪，多年收集、整理材料，解析连环杀手犯罪心理的成果。在此之前，作者已经创作和出版多部犯罪心理著作。作为作者的集大成之作，相信《犯罪心理全档案》会给读者带来崭新的阅读体验和启迪。

# 目 录

# Criminal Psychology

在鲜血中沐浴的伯爵夫人——

## 伊丽莎白·巴托里

　　伊丽莎白·巴托里是历史上杀人数量最多的女性连环杀手，她于 1560 年
8 月 7 日出生在匈牙利王国的一个贵族家庭，她的家族所拥有的财产甚至超过
了当时的匈牙利国王。伊丽莎白长得很漂亮，据说还是匈牙利的第一美女。伊
丽莎白还很聪明，年纪轻轻就精通了拉丁文、德文、希腊文三种语言，还对科
学和天文学颇有兴趣。

　　15 岁时，伊丽莎白与纳达斯迪·费伦茨伯爵订婚，并在 1575 年 5 月 8 日
完婚，从那以后伊丽莎白就搬到了匈牙利萨法的纳达斯迪堡居住。纳达斯迪是
个将军，常年在外征战沙场，很少待在家里，于是伊丽莎白这个伯爵夫人就成
了家中执掌大权的人，可以任意处罚家里的仆人。

　　在当时，贵族之间流行着一种风气，即以折磨仆人为乐。伊丽莎白或许受
到风气的影响，十分喜欢用残忍的方式惩罚女仆。只要女仆犯下一点儿小错，
伊丽莎白就会用非常残忍的方式来惩罚她，例如用烧红的铁棍烫伤女仆或拿针

刺女仆。伊丽莎白的一生中一共生下了 8 个孩子，4 个儿子、4 个女儿，其中一个儿子和一个女儿在很小的时候便夭折了。伊丽莎白自从生完孩子后，就开始变本加厉地折磨女仆，许多女仆都被她折磨至死。

伊丽莎白似乎很喜欢折磨女仆，她还专门研发了许多杀人方式和刑具，后来甚至还在自己的城堡内建立了一个专门用来折磨女仆的刑室，并将其称为"尊贵富人的刑室"。起初，伊丽莎白只会命令手下殴打女仆，或者用烧红的铁棍烫伤女仆的手、脸、下体。后来伊丽莎白想出了切断手、咬下女仆身上的肉等许多令人胆寒的虐待方式。有时伊丽莎白还会命人将女仆的衣服扒光，然后将她拖到雪地里，往她的身上不停地浇水，直到女仆活活冻死。

被伊丽莎白虐待致死的女仆大多是城堡附近的农家女，也有一些人会主动送少女给伯爵夫人。这些农家女都是主动来城堡当用人的，因为伯爵夫人给用人的待遇很高，许多农家女都在金钱的吸引下来到城堡，但这里等待她们的却是地狱般的折磨。后来，伊丽莎白开始将目标转移到前来城堡学习礼仪的少女身上。在当时有许多父母会主动将女儿送到城堡，学习一些贵族的礼仪，这些少女最终都成了伊丽莎白虐待的对象。

后来，伊丽莎白开始用少女的鲜血沐浴，还将少女的鲜血当成饮品喝下，伊丽莎白固执地认为少女的鲜血可以让她永葆青春。作为匈牙利的第一美女，伊丽莎白一直很注重保养自己的美丽容颜，但自从她生过孩子后，她的身体产生了变化，而且随着年龄的增长，伊丽莎白发现自己正在慢慢变老。为了挽回青春和美丽的容貌，伊丽莎白使用了最昂贵的化妆品，穿着最华丽的衣服，但她还是无法与具有青春活力的少女相比。

据说，一位女仆在为伊丽莎白梳头发的时候不小心拉断了她的一根头发，伊丽莎白立刻被激怒了，她拿起鞭子狠狠地抽打女仆，女仆的鲜血溅得到处都是，甚至溅到了伊丽莎白的脸上。后来伊丽莎白照镜子的时候发现，被溅上鲜血的脸似乎没了皱纹，恢复了从前的美丽。伊丽莎白兴奋极了，她以为自己找到了永葆青春的方法，从那以后伊丽莎白就开始用少女的鲜血沐浴，每当她沐浴完毕后，都觉得自己变年轻了。在此之前，伊丽莎白曾听说过一个远古时流传下来的说法，即别人的鲜血可以使一个人的身体和精神都产生变化。自从开始用鲜血沐浴和喝血后，伊丽莎白越发相信这种古老的说法。

城堡里少女失踪的事件在当地开始流传开来，直到1602年一名少女成功逃出城堡后，将自己的遭遇告诉给匈牙利的官员，伊丽莎白所犯的案件才受到了政府的重视，政府还专门派人去进行了调查。

伊丽莎白根本不在乎调查者，她一直都觉得自己的权力至高无上，没有人能管住她，即使法律也不能拿她怎样。1610年12月30日，伊丽莎白在折磨死4名少女后，就派人将尸体从城堡上丢了下去。附近的居民看到尸体后，立刻将此事报告给了政府官员，于是政府立刻派人前来搜查伊丽莎白的城堡。

除了城堡内的证据外，还有许多人作证。有人说死在伊丽莎白手上的少女多达50人以上；城堡内的仆人却说，从城堡里搬出去的尸体在100具至200具之间；甚至有人说伊丽莎白杀死了650个人。最终，官方证实伊丽莎白杀死了80个人。伊丽莎白到底杀死了多少人，或许她自己也不清楚，不过可以确定的是，她是历史上杀人最多的女性连环杀手。

最终，伊丽莎白和她的4个仆人共犯被控告虐待和杀害少女罪，匈牙利皇家最高法庭审理了此案，不过到庭的人只有伊丽莎白的仆人们，伊丽莎白因身份尊贵和权势并未出庭。当时的匈牙利国王曾命人将伊丽莎白送到宫内接受审判，但出于种种原因伊丽莎白一直没有去。

虽然他们5个人都被判处了死刑，但伊丽莎白却因为伯爵夫人的尊贵身份而被囚禁在自己的城堡内。伊丽莎白的 3 个仆人在被处以极刑后死亡，另一个仆人却下落不明。伊丽莎白在被囚禁于城堡后，城堡的所有出路就都被封死了，只留下一个小窗口递送食物，每天都有人专门给伊丽莎白送饭。

1614 年 8 月 21 日，负责送饭的人发现伊丽莎白多日都没动食物，原来伊丽莎白早已去世了。随后，伊丽莎白的尸体被运出城堡。她的遗体原本应该被送到恰赫季斯的墓园里进行安葬，但由于居民的强烈反对，她的遗体只能被转移到匈牙利野席德家族墓地下葬。

## 【文化对反社会行为的影响】

反社会人格者这个称呼虽然才出现不久，但反社会人格者却自古就有，而且存在于各种类型的社会。也就是说，反社会人格者在人群中占一定的比例。但调查显示，在有些文化里，反社会人格者的数量却很低。例如中国的反社会人格者的数量就要远远低于西方国家，尤其是美国，美国的反社会人格者尤其多，而且一直处于增长的趋势。由此可以看出，文化会影响反社会行为的出现，有的文化会助长反社会行为，有的却不会。

美国社会十分强调以个人主义为核心的价值观，而中国则强调集体主义。在一个崇尚个人主义的文化下长大的人，之所以容易出现反社会行为，是因为他万事都会从个人的利益去考虑，只会强调自己的需求，甚至会为了个人利益去做一些伤害他人的事情，而在价值观的影响下，他不会因此产生愧疚感。如果一个反社会人格者在这种文化下长大，那么他的反社会行为非但不会压抑，反而会得以助长，因为个人主义文化似乎在告诉他，他为了个人利益所做的事情是一种正确的行为。

在中国集体主义文化的影响下，人们会形成将多数人利益放在首位的价值观。一个反社会人格者在集体主义文化下长大，他就会认识到只强调个人利益是一种错误行为，从认知上来弥补自己的情感缺陷，从而加强与他人的情感联系。这也是中国的反社会人格者要远远低于美国的原因所在。

伊丽莎白是个典型的反社会人格者，她能从女仆的痛苦中获得快乐，因此会乐此不疲地对女仆进行折磨，甚至还想出了各种各样的折磨方法。伊丽莎白出生于一个贵族家庭，而当时的匈牙利贵族却热衷于折磨仆人，这种风气的影响无疑助长了伊丽莎白的反社会行为，让她从殴打女仆渐渐发展成残忍的折磨。如果伊丽莎白从开始殴打女仆时就被父母等人制止，或者贵族以殴打仆人为耻，那么伊丽莎白的反社会行为就会得到遏制。

对于反社会人格者来说，由于情感缺陷，他不会产生与他人交往的心理需求，但这并不表示反社会人格者不想融入一个属于自己的社交圈子。一个人，不论是正常人还是反社会人格者，只要想融入一个社交圈子，就必须得在行为上和社交圈子中的人保持一致，不然就会被排斥。在伊丽莎白所生活的环境中，贵族圈子从不重视仆人的生命，还将处罚仆人当成一种乐子，伊丽莎白的行为非但没有得到遏制，反而得以助长，她也不会认为自己虐杀女仆是错误的。也就是说，伊丽莎白从情感和认知上，都不认为自己不应该虐女仆。

# Criminal Psychology

通过杀人来发财致富——

**亨利·霍华德·霍尔莫斯**

美国芝加哥市英格伍德区有家邮局，邮局所在位置就是 19 世纪 90 年代霍尔莫斯死亡城堡的所在地，城堡的主人正是美国犯罪史上第一个连环杀手亨利·霍华德·霍尔莫斯，他在这座城堡里杀死了 200 多个人。

1894 年 10 月，美国芝加哥市费得李茨人寿保险公司收到了一封来自监狱的信件，写信人是正在监狱服刑的马里恩·海格佩斯，他因抢劫入狱。马里恩在信中检举了霍尔莫斯，说他骗取保险金。

霍尔莫斯曾是马里恩的狱友，因销售假药被判入狱。在狱中，霍尔莫斯曾向马里恩炫耀，他可以得到一个名叫本杰明·彼得泽尔的人 1 万美金的高额人寿保险。霍尔莫斯还向马里恩透露了自己的计划，先找个和本杰明看起来一样的尸体，然后向保险公司谎称本杰明死了。当时马里恩以为霍尔莫斯只不过是在吹牛，直到他从报纸上看到本杰明死亡的消息后，立刻想起了霍尔莫斯的这个计划。

保险公司立刻展开了调查，一名调查者吃惊地发现在 1894 年 9 月 2 日本杰明的确因化学品意外爆炸事故去世，死者正是本杰明，几天后一名男子带着本杰明的孩子来保险公司领取了赔偿。只是那名男子拿了钱后就消失了，保险公司意识到这的确是一起保险诈骗事件，于是就委托平克顿私人侦探公司进行调查。

在 19 世纪中期，平克顿私人侦探公司在美国十分有名，甚至还在南北战争期间，协助美国总统林肯建立了一个军事情报组织，该组织后来发展成了美国中央情报局（CIA）。战争结束后，平克顿侦探公司又继续做起了私人侦探的业务。该公司的创始人名叫阿伦·平克顿，曾是芝加哥警察局的一员。

平克顿私人侦探公司在对霍尔莫斯进行一番调查后发现他表面上是个富有的商人，在芝加哥市的黄金地段有栋三层商业酒店，但实际上却是个诈骗犯，除了骗取保险金外，霍尔莫斯还卖假药和贩卖尸体。

此时的霍尔莫斯已经意识到了危险，立刻逃之夭夭了，离开芝加哥前还放火烧掉了自己的酒店。之后，霍尔莫斯每到一个地方就会实施诈骗和偷窃。来到沃斯堡这个小城市后，霍尔莫斯发现这里的马匹很值钱，于是就变成了一个偷马贼，并且很快暴露。在沃斯堡，偷马是非常严重的罪行，会被判处绞刑，霍尔莫斯只能赶紧离开沃斯堡。

1894 年 11 月初，平克顿侦探公司发现霍尔莫斯在波士顿出现后，立刻与当地的警方取得了联系。在侦探与警方的配合下，霍尔莫斯以盗窃罪被捕，当时霍尔莫斯正在预订轮船票，想要搭乘轮船离开美国。

在审讯中，霍尔莫斯爽快地承认了自己骗取保险金的行为，他还描述了整个过程：他故意将一具男尸毁得面目全非，然后丢在事故现场，在得到保险金后他就再也没有联系过本杰明，他怀疑本杰明到南美洲避风头去了。

不久，纽约的警方抓住了本杰明的妻子卡丽，并将她当成同谋犯进行审讯。卡丽告诉警方，霍尔莫斯曾告诉她本杰明并没有死，他们只是用一具男尸伪造了本杰明意外死亡的假象，从而骗取保险金。而本杰明就在卡卡那提，为了避免引起怀疑，卡丽不能马上去找本杰明，等风头过去了再相聚。最后，霍尔莫斯带走了卡丽和本杰明的 3 个孩子：内莉、爱丽丝和霍华德，说要去见本杰明。

由于案件发生地是在费城，于是费城警方派人将霍尔莫斯从波士顿押回费城的摩崖门星监狱。途中，霍尔莫斯表现得很配合，还和探长夸福特聊得很愉快，他甚至还贿赂夸福特，让他放走自己，夸福特一口回绝了。

在摩崖门星监狱里，霍尔莫斯被安排进一个单人囚室里，这里有窗户、电灯照明，条件很不错。霍尔莫斯很快就赢得了狱警的好感，让狱警每天给自己送费城当天出版的报纸，他通过阅读报纸来了解平克顿侦探公司的调查进程，并以此不断调整自己的供词，从而误导侦查方向。

与此同时，警方在进行开棺验尸时，从本杰明的胃里发现了大量的麻醉剂，警方开始怀疑霍尔莫斯极有可能是故意杀害了本杰明。但让平克顿侦探公司担心不已的是被霍尔莫斯带走的那3个孩子的安危。霍尔莫斯说他将3个孩子托付给了一个名叫米妮・威利安的女子，她应该带着孩子们去了英国。

由于霍尔莫斯不断更改供词，平克顿侦探开始怀疑起他供词的真实性，作为负责人的弗兰克・盖耶甚至怀疑3个孩子已经惨遭杀害。为了找到3个孩子的下落，弗兰克开始到美国各地，甚至到加拿大寻找。弗兰克随身携带着3个孩子写给家人的信，那是警方从霍尔莫斯身上搜来的，根据信件所提供的线索，弗兰克来到了加拿大南部城市多伦多。

弗兰克从房地产经纪人那里，从出租房屋的短期住户那里找到了霍尔莫斯租过的住宅。弗兰克怀疑霍尔莫斯将孩子们的尸体掩埋在了住宅的庭院内，于是就雇人展开挖掘工作，但却一无所获。

第二天，一个女人找上弗兰克，她说霍尔莫斯曾租过她的房子。在这栋房子里，弗兰克找到了一个可疑的地下室，里面的一块土地有被翻动过的迹象，他怀疑孩子们的尸体就在这里，于是就雇人挖掘。经过一番挖掘后，弗兰克看到了两具女孩的尸体。后来卡丽一眼就认出了内莉的黑头发和爱丽丝的牙齿。

由于卡丽8岁儿子霍华德的尸体没有找到，弗兰克只能继续寻找。途中，一名女子告诉弗兰克，霍尔莫斯曾送给她一个新的大锅炉，当时她看到霍尔莫斯买了一个大锅炉后就觉得很奇怪，于是就一直盯着他和锅炉，霍尔莫斯注意到了她的目光，就随手将锅炉送给了她。弗兰克觉得霍尔莫斯根本没必要在旅途中购买一个大锅炉，除非他想要用锅炉烧毁一个孩子的尸体。

弗兰克从目击者那里了解到，霍尔莫斯来到多伦多时只带着两个女孩，也就是说霍尔莫斯在离开美国前已经杀死了霍华德，于是弗兰克就去了霍尔莫斯曾待过的印第安纳波利斯的城郊乡下进行调查，专门调查去年 10 月份的短期租客。

一名男子告诉弗兰克，霍尔莫斯曾租过他的房子，他对霍尔莫斯这个粗暴无礼的租客印象十分深刻。另一名男子甚至记起了自己曾经帮霍尔莫斯安装过一个大型锅炉，当时他觉得很奇怪，就问霍尔莫斯为什么放着方便的燃气不用，花工夫雇人安装一个这么大的锅炉。霍尔莫斯说，燃气对孩子们不好。

弗兰克立刻租下了霍尔莫斯曾租过的房子，在建筑垃圾里翻找出了一些被烧过的牙齿残片，这些牙齿属于年龄 7 岁到 10 岁之间的孩子。后来弗兰克在壁炉的烟囱里找到了霍华德的残骸。

本杰明是个发明家，翻盖杂物箱就是他发明的。在本杰明为生计发愁之际，霍尔莫斯出钱帮他在报纸上刊登广告，专门宣传本杰明发明的翻盖杂物箱。从那时起，本杰明就成了霍尔莫斯的助手，帮助他贩卖尸体，还和他一起进行保险诈骗。本杰明根本不知道霍尔莫斯是个恐怖的连环杀手，他只觉得霍尔莫斯是个相识多年的朋友，而且与他们一家人相处得很融洽，所以当霍尔莫斯提出骗保计划后，本杰明立刻同意了。

后来霍尔莫斯改变了计划，他决定将本杰明一家 7 口全部杀死，然后诈骗人寿保险的赔偿金。霍尔莫斯考虑到本杰明身高 6 英尺[①]，自己只有 5 英尺

———————
①本书采用英美制度量单位，如英尺、英里等。

高，如果在谋杀本杰明时他反抗起来，自己绝对不是对手，于是他决定将本杰明灌醉后给他灌大量的麻醉剂。

1894 年 9 月 2 日，霍尔莫斯找本杰明喝酒聊天，趁其醉酒之际将他绑在椅子上。之后本杰明被灌进了大量的麻醉剂，他迷迷糊糊之间觉得霍尔莫斯想要杀死自己，就向霍尔莫斯求饶，但霍尔莫斯不仅没停手，反而在他的脸上和身上洒上化学助燃剂苯，将本杰明活活烧死。为了制造意外事故的假象，霍尔莫斯故意在尸体旁摆放了一瓶装有汽油、氯仿和氨水的混合物和一把烟斗，看起来本杰明好像在爆炸混合物旁点燃了烟斗，不小心引爆了化学品意外被炸死。

在领取了本杰明的保险金后，霍尔莫斯带着伪造的书信去找卡丽，并提出要带彼得泽尔家 3 个较为年长的孩子去见本杰明。卡丽相信了，将内莉、爱丽丝和霍华德交给了霍尔莫斯。

1894 年 10 月，霍尔莫斯带着孩子们来到了印第安纳波利斯，他将内莉和爱丽丝安排在旅馆内，然后带着霍华德到乡下租了一间房子，将霍华德杀死，并将他的尸体肢解，扔到锅炉里焚烧。之后，霍尔莫斯匆匆回到旅馆，带着两个女孩逃到了加拿大多伦多。

10 月 25 日，霍尔莫斯将内莉和爱丽丝塞进了一个特殊的密封箱子里，这种箱子是特制的，上面有一个通气孔。之后，霍尔莫斯将煤气通过通气孔注入箱子里，内莉和爱丽丝就这样被害死了。

就在霍尔莫斯因谋杀本杰明、内莉、爱丽丝、霍华德被起诉时，芝加哥的警方来到了他的城堡，在这里他们发现了大量可怕的东西：人骨头、用来焚烧尸体的巨大锅炉、阴森恐怖的地下室、解剖台以及被害人的首饰盒和布满血迹的裙子。

一时间，霍尔莫斯的城堡涌来了许多记者。当时美国对待新闻自由的态度十分宽松，记者可以随意进入案发现场进行采访，哪怕警方当时正在进行案件调查。最终警方在霍尔莫斯被焚毁的城堡里发现 200 多具残骸。

霍尔莫斯刚来到芝加哥谋生时，只是一个药店的药剂师，这家药店的主人是个名叫霍尔顿的寡妇。不久霍尔莫斯就成了药店的主人，而霍尔顿则失踪了，他对邻居们解释说霍尔顿将药店卖给了他，和女儿搬到加利福尼亚州居住了。

之后霍尔莫斯靠着销售假药赚了一笔钱，他想要在药店附近买一块地皮扩大自己的药店，但这需要很大一笔资金。这次，一个名叫华纳的男人被霍尔莫斯盯上了，两人曾合作贩卖过假药。

霍尔莫斯让华纳给自己开了一张 50 美金的小额支票，然后对支票进行了伪造，将 50 美金改成了 5 万美金。为了避免华纳发现篡改支票，霍尔莫斯将华纳骗到自家的地下室内，然后骗他进炉子检查，之后霍尔莫斯关上炉门，将华纳活活烧死在里面。

霍尔莫斯开始对杀人敛财上瘾了，当他结识了富有的银行家若得戈斯后，就将他骗到自己家，让他参观自己家的保险柜。这个保险柜非常大，已经被霍尔莫斯改造成了一个特殊的毒气室。他在上面安装了一个阀门，只要他开启阀门，煤气就会通过管道进入密封的保险柜。

若得戈斯被关进保险柜后，霍尔莫斯就以注入煤气威胁他签下 7 万美元的支票。当霍尔莫斯得到这笔钱后，就杀死了若得戈斯，并将他的尸体卖给了医学院。霍尔莫斯之前一直靠从坟墓中盗取尸体为生，后来他开始通过杀人来给医学院提供尸体。除了芝加哥外，霍尔莫斯还会向其他地方的医学院提供尸体。他所提供的尸体深受医学院的欢迎，因为他贩售的尸体既新鲜又完整。

有了钱后，霍尔莫斯就在芝加哥市区南部 63 大道和南华莱士街交汇处买了一块地皮，他想在这里建造一座三层的城堡，专门用来赚钱、杀人和处理尸体。霍尔莫斯在亲自设计好建筑图后就开始雇佣工人建造城堡，为了避免工人察觉到城堡里的特殊设计，霍尔莫斯会亲临建筑现场监督，还将整个工程分解成了好几个部分，经常更换工人。当然也有工人注意到了城堡里额外的输气管、隐秘门道等这些怪异的设计，他们从未见过这种商业楼，实际上这并不是一个普通的商业楼，而是一个屠宰场、一座杀人工厂。

霍尔莫斯的城堡一共有三层：第一层由药店和餐厅组成；第二层则对外出租，还有被密封的私人办公室，办公室和地下室连接着；地下室则是霍尔莫斯杀人和处理尸体的地方，里面有一个巨大的燃油锅炉。

1890 年 11 月，芝加哥取得了世博会的主办权。1893 年 5 月 1 日，随着世博会的举办，芝加哥涌进了许多游客，已经远远超过了芝加哥的承受极限，城内郊外的旅店都被住满了。对于开店的商人来说，这是一个绝佳的赚钱机会。霍尔莫斯也是这样想的，除了赚钱外，他觉得自己终于可以任意挑选杀人对象了。

为了吸引顾客，霍尔莫斯直接将城堡改名为世博会酒店，这个名称会使外

地人误认为这是芝加哥官方所认可的酒店，安全有保障。

在霍尔莫斯城堡内住下的人只能是有钱的单身女子，如果有男人提出要住宿，就会被霍尔莫斯以客满的借口打发走。之后，霍尔莫斯会努力得到女顾客的信任，让她们主动签署财产转移的文件，钱一到手就杀死她们。

在城堡里，有一条十分隐秘的通道，霍尔莫斯可以自由地在通道上走来走去，暗中观察每一位女顾客。女顾客所居住的房间的墙壁上还隐藏着偷窥孔和黄铜管，黄铜管连接着煤气，而开关则在霍尔莫斯的私人办公室里。每当霍尔莫斯想要杀死某个女顾客时，他就会打开煤气，让对方在密封的房间里毒死，他还很喜欢通过偷窥孔欣赏对方痛苦挣扎的样子。

有时候，霍尔莫斯会进行活体解剖，将女顾客骗到地下室，将对方控制在解剖台上，用各种手术工具将对方活活折磨死。

霍尔莫斯对自己的城堡十分满意，唯一不满的是城堡的开销太大，渐渐让他从一个富商变成了负债累累的人。后来霍尔莫斯想办法诱骗一些有钱的女子主动将名下财产转给自己，但还是没能还上所欠债务，于是在债主们的压力下，霍尔莫斯只能放弃城堡。但霍尔莫斯并未放弃杀人，他已经将杀人当成了自己的营生。对他来说杀人既可以赚钱，又可以满足自己的杀戮需要。

在庭审中，霍尔莫斯炒掉了自己的辩护律师，他决定为自己进行辩护。霍尔莫斯的自我辩护十分精彩，但陪审团没有被他的好口才所误导，一致认定霍尔莫斯有罪，应该被判处死刑。死前，霍尔莫斯告诉警方他希望自己死后下葬时，一定要用水泥封死，不然医生会偷走他的尸体来研究他的大脑。

1861 年 5 月 16 日，霍尔莫斯出生于美国东北部新汉普舍尔州加曼顿小镇一个普通家庭，父亲在邮局工作，母亲是个家庭主妇，他的父母都是虔诚的教徒，也希望霍尔莫斯能像他们一样。

霍尔莫斯的童年在充斥着死亡气息的环境下度过，当时美国正值内战，尸体随处可见。对于医生来说，这是一个绝佳的研究人体奥秘的机会，当时凡是医生，家中都会有人体骨架。

有一次，霍尔莫斯跟着镇上的孩子们去一个医生家，当时医生不在家，几个孩子就恶作剧般地将霍尔莫斯和一具人体骨架关在一个小屋子里。这段经历给霍尔莫斯留下了十分深刻的印象，他就是从那时起开始对人体骨架好奇，并渐渐迷上了解剖学。

当父母发现霍尔莫斯在研究人体骨架时十分生气，父亲狠狠地惩罚了霍尔莫斯。霍尔莫斯没有放弃对人体骨架的好奇心，反而将所有的精力和时间都耗费在解剖小动物上，经常在家附近的小树林里解剖小动物。

1882 年，霍尔莫斯被著名的密歇根大学医学院录取，开始学习解剖学。在当时，医学院里用于解剖学习的尸体很少，学生想要学习如何解剖尸体，就必须得去墓地盗取尸体。霍尔莫斯觉得可以利用尸体骗取保险金，于是就和同学联合起来进行诈骗，向保险公司谎称同学过世了，然后带着保险调查员查看已经被他毁容的尸体。从密歇根大学毕业后，霍尔莫斯就拿着医生执照辗转于美国各大城市，最后来到了芝加哥。

## 【情感依附】

凡是社会性动物，都会产生情感依附，这是一种不可或缺的心理需求。作为由社会关系构成的生物，人际交往对我们来说尤为重要，我们需要他人来激励自己，会因他人而感受到各种各样的情绪、情感，例如当一个人取得成功时，会想和家人分享喜悦，在生病时会因为得到他人的关心而倍感温暖。由于情感依附的存在，我们才觉得生活有意义，会觉得日子过得有滋有味。如果我们无法与周围的人形成情感依附，也就不会产生各种情绪、情感，例如无法和任何人分享自己的快乐，也不会因他人的背叛而痛苦，这样的日子会如白开水般无味。

许多人都很向往心如止水的境界，但如果有人与生俱来就拥有心如止水的能力，那么也许他的一生都要去寻找刺激，他对刺激的需求会高过常人。因此他会经常去冒险，并引诱着他人和自己一起冒险，从而很容易出现各种行为问题，甚至是触犯法律。

霍尔莫斯不知情感依附为何物，他可以为了一笔钱轻易地取走一个人的生命。霍尔莫斯在杀死银行家若得戈斯后得到了很大一笔钱，他完全可以利用这笔钱过上富足的日子，再也不用贩卖尸体和杀人。但这只是正常人的想法，霍尔莫斯却只想着用这笔钱建造一座杀人工厂，在这里他可以随心所欲地挑选"猎物"，随意地决定一个人的生死。像霍尔莫斯这样的反社会人格者通常很喜欢支配他人，让他人完全服从于自己的意愿，他选择的支配方式就是恐吓、剥夺他人的生命。

在霍尔莫斯的罪行曝光后，人们都觉得他是个疯子，因为他冷血得令人产生最深度的恐惧。本杰明一家和霍尔莫斯是多年的好友，本杰明本人也是霍尔莫斯的得力助手，霍尔莫斯却残忍地杀死了本杰明及3个孩子。霍尔莫斯如果只是为了诈骗保险金，完全可以随意找一具尸体冒充本杰明，这也是他最初的计划，但他却改变了主意，随意地剥夺了4个人的生命。

霍尔莫斯的可怕之处还在于他的伪装，他能伪装成一个十分有魅力的人，从而达到操纵他人的目的，例如霍尔莫斯会在被捕后和狱警处理好关系，让狱警为自己提供当天的报纸。这意味着，绝大多数人一旦成为反社会人格者的

"猎物"就会在劫难逃，会被他的伪装引诱到死亡的陷阱中，尽管苦苦哀求，他也不为所动。霍尔莫斯在面对本杰明的求饶时，还是将他杀死了，并且还毫无愧疚地杀死了本杰明的3个孩子。

# Criminal Psychology

每逢满月时猎杀儿童——

**亚伯特·费雪**

1928 年 6 月 3 日，纽约警方接到巴德夫妇的报案，他们 10 岁的女儿格瑞斯失踪了，一个名叫法兰克·霍华德的老人带走了她。不久之前，爱德华·巴德在报纸上刊登了一则求职广告，他想为格瑞斯找一份零活。法兰克通过报纸上的地址找到了巴德一家，他看起来温和有礼，身材瘦弱，完全一副普通老人的样子。法兰克表示能为格瑞斯提供一份报酬不错的工作，巴德夫妇对他的印象不错，于是主动邀请法兰克共进晚餐。

晚餐结束后，法兰克准备离开，突然他转身对巴德夫妇说，他有个小侄女今天过生日，他要去参加她的生日派对，他想问格瑞斯想不想去认识一下自己的小侄女。格瑞斯听到有生日派对，立刻表示愿意参加，于是巴德夫妇将格瑞斯交给了法兰克，从那以后巴德夫妇再也没有看到过格瑞斯，警方也没有查到格瑞斯的下落，法兰克和格瑞斯好像人间蒸发了一般。

6 年后，巴德夫人接到了一封信，当她打开后看到了变态又恐怖的内容：
"1928 年 6 月 3 日这一天，我带着新鲜的草莓和起司到你家中做客，我们还一起共进晚餐，当格瑞斯坐在我的腿上给了我一个吻后，我立刻决定要吃掉她。我假装带格瑞斯去参加小侄女的生日派对，于是你主动将女儿交给了我。我将她带到一个空屋子后，就让她到屋外玩一会儿，我到楼上脱了衣服，我怕鲜血溅到衣服上，然后我躲在衣柜里等格瑞斯来找我。

"当时格瑞斯正在屋外采摘野花，她玩了一会儿后来到屋子里找我。我突然从衣柜里跳出来，格瑞斯看到赤身裸体的我立刻哭了起来，还喊着要找妈妈。看到她往屋外跑去时，我抓住了她，将她的衣服扒光，其间格瑞斯不停地挣扎，对我又踢又咬又抓，我双手掐住她的脖子，用力将她掐死。

"接下来，我将格瑞斯切成了一个个小块，然后用了 9 天时间全部吃掉。让我印象最深刻的是她屁股的味道，被烤箱烤过后吃起来美味极了。不过我并没有强奸格瑞斯，她一直到死都是处女。

"我的一个朋友约翰引诱我品尝了人肉的美味。我曾绑架过一个名叫比利·盖夫尼的男孩，我将他带回家后将他的衣服脱光、手脚捆住，然后用破抹布闷死了他，接下来我烧掉了他的衣服，将他的鞋子丢到外面。第二天，我带着工具来将他切好吃下，他的肉吃起来鲜嫩无比，十分可口，这时我才知道人肉比我吃过的肉都要好吃万倍。后来，每逢月圆之夜我都会忍不住要吃掉一个小孩子。"

巴德夫妇立刻将这封信交给了当地警方，警方根据信封上的标记查到了纽约私人雇用司机协会。经过了一番调查后，警方终于找到了寄信者，他名叫亚伯特·费雪，曾使用过法兰克·霍华德这个名字。费雪曾因挪用公款被捕，罪名确立后被送往纽约州新新监狱里服刑。

被捕后，费雪承认他就是寄信者，而且信中所写内容全部属实，他就是杀害格瑞斯的凶手，此外他还交代自己从 1910 年到 1934 年绑架、性侵并杀害过至少 15 名儿童，他还会吃掉被害人的尸体。

费雪所交代的案情让审讯的警察震惊不已，警察忍不住问他为什么这么做，他回答说："其实我也不知道为什么，每逢满月之际我都有一种想要吃小孩的冲动，就好像吸血鬼必须喝血一样。我每次都会为自己的所作所为感到惭愧，甚至想要自杀。不过后来我想自己做的是对的，如果我做错了，上帝派来的天使一定会阻止我。"

精神医生在对费雪进行了精神鉴定后认为，他是个偏执狂的精神病患者，对惩罚、罪孽、宗教信仰等概念有着扭曲的认知，而且还有幻听，总是能听到圣徒约翰的声音和命令。此外，费雪的自虐倾向也十分严重，他会用锤子反复击打自己，或者将钉子钉入自己的腹股沟，一段时间后再拔出来。随着自残倾向越来越严重，费雪往身体里钉钉子时越来越用力，以至于钉子钉得太深，根本无法拔出，直接留在了体内，医院的 X 光片显示费雪骨盆处至少有 29 枚钉子。费雪还经常去妓院，享受被鞭打的快感。

1936 年 1 月 16 日，被判处死刑的费雪接受了电椅死刑。当费雪被押送到电椅上时，他不仅没有恐惧，反而露出了兴奋和期待的表情，令行刑者毛骨悚然，后来费雪甚至迫不及待地帮助行刑者将电椅上的绑带绑好。最终费雪被绑在电椅上处死，死时 66 岁。

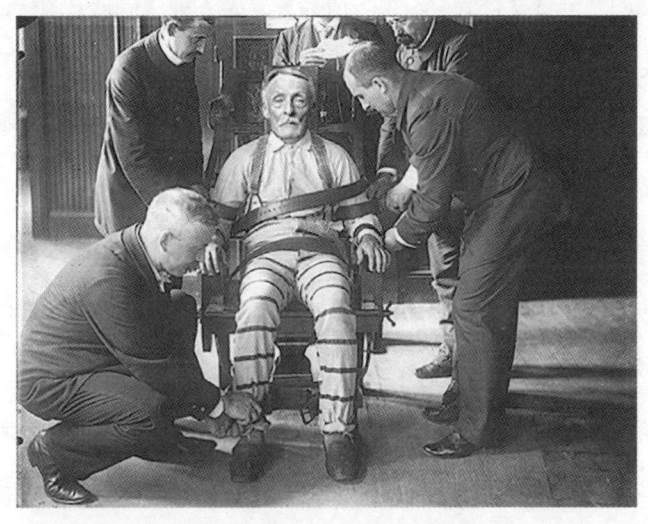

费雪于 1870 年出生于华盛顿特区，他的父亲曾经是个船长，后来改行做起了化肥生产。费雪在家中 4 个孩子中排行最小，上面有两个哥哥和一个姐姐。费雪出生时，他的父亲已经是 75 岁的高龄，父亲比母亲整整年长 43 岁。

费雪的家族有精神病史，许多近亲都被精神疾病所折磨，其中叔叔有宗教狂热，一个哥哥死于脑积水，一个哥哥和姐姐患有精神疾病，母亲有经常性发作的幻视和幻嗅。

在费雪出生后不久，他就被送到华盛顿的圣约翰孤儿院，并在那里度过了大部分童年时光。因为费雪的父亲年迈无法照顾他，母亲要外出工作，也没有时间和精力照顾他。

当时的孤儿院条件很差，孩子们还总会被虐待，例如老师会命令所有的孩子脱光衣服挨个被抽打。后来费雪开始享受这种抽打的虐待，并从疼痛中感受愉悦，从而招致了其他男孩的嘲笑。10岁时，费雪被母亲接回家，她在政府机关找到了一份轻松稳定的工作，有时间照顾费雪了。

进入青春期后，费雪开始出现性变态的倾向，他喜欢到公共澡堂里偷看其他男孩光着身子的样子，还经常给婚庆公司和私人广告上提到名字的女子写色情信件。后来，费雪开始猥亵和强奸男童，大部分受害者都不满6岁。

1898年，费雪与一名比自己小9岁的女子结婚，两人先后育有6个孩子。后来费雪的妻子抛弃他和孩子们离开了家，从那以后费雪就开始独自一人照顾6个孩子，他虽然是个专找儿童下手的恶魔，但对自己的孩子却照顾得无微不至，是孩子们心中的好父亲。自从妻子离他而去后，费雪的精神状态就开始出现异常，他开始出现幻听和自虐倾向。

55岁时，费雪开始出现幻觉和幻听，总能听到上帝命令他去阉割男童，医生在了解了费雪的症状后认定他得了一种宗教性质的精神病。其实在费雪很小的时候，他的精神状态就开始出现异常，还在精神病院里接受了一段时间的治疗。随着年龄的增长，费雪的精神异常越来越严重，只是他表面上看起来很正常。

## 【情感依附障碍】

婴幼儿时期是一个人形成情感依附的关键期，如果他在婴幼儿时期被剥夺了情感依附，那么即使在之后的人生中受到他人的关爱，也会丧失爱的能力。对于每个人来说，母亲在生命早期扮演着十分重要的角色，母亲会通过拥抱、抚摸、亲吻和说话等方式来和婴幼儿建立情感依附，但如果母亲没有这么做，那么结果就会非常糟糕。

费雪从小就被母亲送去了孤儿院，孤儿院里全是孩子，照顾者寥寥无几，因此孤儿院的孩子都会存在情感依附障碍。在 1989 年，罗马尼亚因政权更迭，曝光了多家孤儿院的真实情况，这里的孤儿与费雪的遭遇很相似，每天只能填饱肚子，根本得不到关爱，无法与任何人建立情感依附。

许多富裕国家的人看到罗马尼亚孤儿的糟糕处境后纷纷主动将孤儿带回家抚养，但抚养家庭很快发现他们无法与孤儿建立情感依附，因为孤儿已经错过了建立情感依附的黄金时期，即使新家庭给予了他关爱，他也不知道如何回应，还会恶意攻击家庭里的其他孩子。当一个有情感依附障碍的孩子长大后，他的性格会变得冲动、冷酷无情，甚至会对周围的人表现出暴力倾向。

费雪的精神状态明显异于常人，他被幻听和变态需求所困扰。随着年龄的增长，费雪的异常越来越严重，他所犯罪行也不断升级，从猥亵、强奸发展成了杀人、食人。费雪属于连环杀手类型中的幻想型杀手，经常被幻觉、幻听所支配，分不清楚现实与幻想之间的区别，也无法控制自己的行为。

# Criminal Psychology

割下罪犯的衣服留作纪念——

**克莱德和邦妮**

1932 年 4 月 30 日，美国新罕布什尔州南部的希尔斯伯勒发生了一起抢劫杀人案，案发地是一家杂货店，店主是一对老夫妻——约翰·布克和玛莎。约翰死在了抢劫犯的枪下，警方接到报案后，就安排玛莎进行嫌疑人辨认，玛莎从一堆嫌疑人的照片中认出了两名抢劫犯——克莱德·商博恩·巴罗和汉密尔顿。

克莱德于 1909 年 3 月 21 日出生在得克萨斯州的泰勒克。克莱德的父亲亨利是个佃农，依靠摘棉花为生。克莱德在家中 8 个孩子中，排行第五。由于家境贫困且孩子众多，克莱德只在学校待了 5 年，就跟着家人离开家乡到达拉斯讨生活，当时他只有 12 岁。

在达拉斯，亨利没有找到工作，一家人只能在一个立交桥下栖身，这里是穷人们的安身之所，除了他们外，还有 40 多个人挤在这里。一个多星期后，亨利才在一个加油站找到了工作，并租了一间屋子。后来，亨利成了一家加油站的老板，但家里的生活条件还是未能得到改善，所有人都只能挤在加油站后的一间屋子中。克莱德就是在这样贫困的环境中长大，克莱德一直渴望能够摆脱贫困，哪怕是通过犯罪的方式。上了中学后，克莱德开始了偷窃，被警察逮过好几次。

1929 年，经济萧条蔓延到了达拉斯，许多人因失业、破产被迫流落街头，但富人们的生活却并未受到影响，依旧悠闲自在地过日子。这让贫困的克莱德愤怒不已，他开始拉拢同伙一起去盗窃。

1929 年 10 月 16 日，克莱德和两个同伙因盗窃罪被警方逮捕。在审讯中，克莱德表现得十分可怜，他一边抹泪一边对警察说，他只是想搭个便车，根本不知道他们（两名同伙）是干什么的。警察被克莱德感动了，于是决定给他一个改过自新的机会，放走了克莱德。

获得自由后，克莱德立刻和哥哥巴克一起干起了抢劫和偷窃的勾当，受害者都是一些开着小店铺的老板，由于经济危机，他们的经营本就困难，而克莱德等人的骚扰让他们的处境变得更加困难。警方也开始注意起这不断出现的抢劫和盗窃事件，并将这伙人称为"巴罗帮"。

后来，一个名叫邦妮·帕克的漂亮女人成了巴罗帮的重要一员，她同时也是克莱德的情人，他们在 1930 年 1 月 26 日相识。克莱德的一个姐姐和邦妮是好朋友，克莱德在探望姐姐时认识了邦妮，当时邦妮只有 20 岁，克莱德也只有 21 岁，两人一见钟情，并很快成了恋人关系，几乎每天都会见面。

邦妮于 1910 年 10 月 1 日出生在得克萨斯州的罗温纳，在家中 3 个孩子中排行第二。邦妮的父亲是个砖瓦匠，在邦妮 4 岁时去世，从那以后她就跟着母亲来到达拉斯附近的塞蒙特城投奔祖父母。

在学校里，邦妮是个很出色的学生，长得漂亮，学习成绩也不错，甚至还在一次拼写比赛中获得了冠军。邦妮很有艺术天分，她擅长写作，热爱阅读文学类书籍，尤其向往书中的爱情故事。邦妮酷爱红色，总会穿红色的衣服，还很喜欢收集各种各样的帽子，在她与克莱德的合影中也总戴着帽子。

15 岁时，邦妮认识了一个名叫罗伊·萨顿的男人，两人很快确立了恋爱关系，罗伊每天都会等邦妮放学并送她回家。第二年，邦妮嫁给了罗伊，邦妮为了表达对罗伊的爱意，专门在自己的大腿内侧文了两颗缠绕在一起的心，里面还文上了她和罗伊的名字。罗伊是个不安分的人，没有稳定的工作，还经常惹麻烦。不久罗伊就因在打架斗殴中杀了一个人被关进了监狱。之后，邦妮在达拉斯的一家咖啡店里当起了女招待，薪酬虽然很少，但至少可以维持基本生活。邦妮长得漂亮，来店里喝咖啡的人总喜欢拿她开玩笑。

邦妮在和克莱德认识几个月后，克莱德就被警方抓住了，这一次他因抢劫和偷窃罪被判处了两年监禁，之后克莱德被送到瓦科城的监狱服刑。于是，邦妮开始给克莱德写信，为了克莱德不顾母亲反对辞去咖啡店的工作，搬到瓦科城居住，每天都会按时去探望克莱德。

克莱德告诉邦妮，他准备和一个名叫威廉·特纳的犯人一起越狱。威廉曾是克莱德的同伙，和他一起抢劫过。他们的越狱计划中有非常关键的一环，就是弄到一支枪。克莱德告诉邦妮，威廉父母家藏着枪，她只要按照威廉的指示偷偷潜入他父母家，将枪偷来并交给自己就行，邦妮答应了。

邦妮将枪偷出来后，就在一次探监时将枪交给了克莱德。当天晚上，克莱德就和威廉以及另一个犯人趁着狱警送饭、警戒松懈时从监狱里逃了出来。获得自由后，克莱德没有主动去找邦妮，他发现邦妮的住所附近有许多便衣警察。

出狱没多久，克莱德就和威廉重新干起了抢劫、偷盗的老本行。在一次偷车后，克莱德没有及时更换车牌，警察很快找上他们。有了这次的教训，克莱德再偷车的时候，做的第一件事情就是换车牌。

这一次，克莱德被判处了 14 年的刑期，并被送到得克萨斯州立监狱服刑。这座监狱对待犯人十分苛刻，犯人们除了要在烈日下完成摘棉花的工作外，还时不时地被狱警殴打，狱警们很喜欢通过殴打犯人找乐子。这里还关押着许多被判处终身监禁的犯人，他们常常会欺负像克莱德这样的犯人。克莱德为了避免去摘棉花，故意让一个犯人削掉了自己的两个脚趾，这样一来负伤的他就不用去工作了。对于克莱德来说，唯一快乐的事情就是收到邦妮的来信。在克莱德再次入狱后，邦妮一直坚持和他通信，在信中表达对克莱德的思念。

1932 年 2 月，克莱德提前获得了假释。自从克莱德被关进监狱后，他的母亲就一直到处奔走呼吁，希望克莱德能走出监狱。她不停地强调家里的生活很贫困，需要克莱德帮忙维持生活。在她的努力下，克莱德终于被放了出来。

克莱德出狱后做的第一件事就是去找邦妮，从那以后两人再也没有分开。克莱德从不觉得自己的抢劫和偷窃是犯罪，他将所有的责任都推给政府，认为是政府让他一直生活在贫困之中，为了富裕的生活他只能去犯罪，因为像他这样的穷小子没有翻身的可能。邦妮也认同克莱德的观点，并跟随克莱德加入了巴罗帮这个犯罪团伙。

在一次抢劫中，邦妮负责留在车里放哨，克莱德则和汉密尔顿、福尔茨一起偷偷溜进五金店内偷钱。3 人将收银台撬开后，拿出钱准备逃跑的时候，报警器突然响了起来。3 人慌慌张张地离开了五金店，立刻钻进了车里，邦妮立刻发动汽车朝郊区开去。一路上，克莱德都表现得十分镇定，这让邦妮倾心不已。

在克莱德觉得安全后，就命令邦妮停车，然后塞给邦妮一些钱让邦妮下车，他告诉邦妮："我不想你也卷进来，找个地方待一夜，等天亮后搭车回达拉斯。"说完，克莱德就开车离开了。邦妮只能回达拉斯，但她一直密切关注着克莱德，并祈祷克莱德不要再次被警察抓住。

从五金店抢来的钱花光后，克莱德等人准备再干一次。他们盯上了一家杂货店，他们发现这家杂货店的生意不错，应该能抢到很多钱。夜晚，克莱德等人潜入杂货店夫妇的家中，并用枪威胁他们打开保险箱。

约翰在汉密尔顿的威胁下来到保险箱前，在保险箱打开后，汉密尔顿的枪突然走火了，约翰被击中胸口倒地身亡。约翰的妻子玛莎惊恐得尖叫起来，克莱德等人也很慌张，这是他们第一次伤人，他们的目的只是抢钱而非夺命，他们从保险箱里胡乱抓了一些钱后就离开了。

之后，克莱德等人从报纸上得知约翰被杀了，他们成了当地警方通缉的要犯，因为玛莎认出了克莱德和汉密尔顿。克莱德每天东躲西藏，为了填饱肚子他只能回家，但他家附近埋伏了许多警察，为此克莱德只能趁着黑夜偷偷潜入家附近，并将见面地点写在一个汽水瓶上。等克莱德的母亲和姐姐发现汽水瓶后，就会到约定地点给克莱德送一些衣服和吃的。

1932 年 8 月 5 日，克莱德和汉密尔顿在俄克拉荷马和警方交火，杀了一名警察。不久，汉密尔顿被捕，他被判处 263 年监禁。克莱德则还在逃亡之中，邦妮则一直伴随其左右。为了避免被警察抓住，克莱德和邦妮只能去一些偏僻小镇，而且只能在夜晚出动。这种风餐露宿的逃亡生活十分痛苦，克莱德为此经常发脾气，他担心自己一不小心就会被警察逮住。

当他们来到谢尔曼小镇后，就准备抢劫一家食品店。食品店的老板希尔似乎并不害怕克莱德的威胁，还和克莱德发生了口角。被激怒的克莱德当着伙计和行人的面开枪杀死了希尔，之后和邦妮离开了食品店。整个过程，克莱德表现得十分镇定。这是他第一次主动杀人，从此以后克莱德就成了一个抢劫杀人犯。他的胆子变得越来越大，不再满足于抢劫店铺，开始盯上了银行。

1932 年 11 月 30 日，密苏里州迦太基城的奥斯维哥银行遭到了抢劫。抢劫者正是克莱德。在前一天邦妮按照他的要求前往银行了解情况，将银行内的布局记下并告诉克莱德。在 30 日这天，克莱德拿着枪走进银行，威胁工作人员交钱。当警卫注意到拿着枪的克莱德后，立刻朝他开了一枪。但这个警卫的枪法并不好，他这一枪没有击中克莱德，之后的射击也都被克莱德巧妙躲过。克莱德虽然幸运地逃脱了，但抢到的钱却只有 80 美元。

1932 年 12 月 1 日，克莱德实施了第二次抢劫。他拿着枪闯进了一家银行，但这家银行早已废弃了，没有人也没有钱，克莱德只能离开。

圣诞节过后不久，一个名叫丹尼尔的 16 岁少年开始跟着克莱德、邦妮一起偷车。他们在偷一辆新的福特汽车时，引起了邻居的注意，很快车主人约翰·道尔赶来。约翰来到车边后，一手抓住克莱德，一手准备去拔车钥匙。克莱德掏出手枪威胁约翰放手，但约翰就是不放手，克莱德就扣动了扳机，约翰被打死。之后克莱德驾驶着约翰的汽车离开了。

之后，克莱德等人一边躲避警察的追捕，一边沿路打劫银行，犯罪手法也越来越娴熟。当没有武器弹药后，他们就会去打劫军火库。有一次，克莱德等人在达拉斯一个居住区和警方交火，一名警察身受重伤并死去。

1933 年 3 月 22 日，克莱德的哥哥巴克获得了假释，他立刻带着妻子布兰奇找上了克莱德。在获得假释之前，巴克曾有过一次越狱行为。在此期间，巴克认识了布兰奇，两人很快结婚。结婚后，布兰奇才发现巴克是个逃犯，她劝巴克去自首，并承诺一定会等巴克出狱。巴克听从了布兰奇的建议，重新回到监狱服刑。在假释出狱后，布兰奇想让巴克到自己父亲的农场工作，巴克同意了，不过在此之前他得去和弟弟克莱德见一面。

此时的克莱德和邦妮已经通过抢劫得到了很多钱，他们渴望能过一段安定的日子，于是巴克夫妇就和他们来到了密苏里州的卓普林，并在这里找了一处房子安定下来。在这里，他们整夜地喝酒喧嚣，而且白天不出门，这引起了许多邻居的怀疑。在一次枪支走火后，邻居报了警，之后警方就开始监视他们。起初警方只以为他们是酒贩子，但后来却发现他们与被通缉的巴罗帮很相似，于是警方决定开始实施抓捕。

1933 年 4 月 13 日，警方和克莱德等人交火，在一阵枪战之中，两名警察被射杀。布兰奇从未见过这种场面，她吓坏了，一边尖叫着一边从屋子里跑了出去。克莱德等人逃出警察的包围后，就将布兰奇拉到了车上。

警方在搜查巴罗帮的住所时发现了一些照相胶卷，这是克莱德和邦妮所拍的照片，邦妮酷爱摄影。这些照片很快被刊登到报纸上，其中一张照片被记者大肆渲染，在这张照片上邦妮一手拿着手枪，一手夹着雪茄。夹雪茄也因此成了邦妮的招牌动作。但邦妮看到报纸后十分生气，她根本没有抽雪茄的习惯，她只是借了一支雪茄来摆拍而已。

除了照片外，警方还找到了邦妮的笔记本，上面是邦妮写下的以爱情为主题的诗歌。警方还发现了巴克的假释证明和巴克夫妇的结婚证，于是巴克夫妇也被警方通缉。

1933 年 5 月，克莱德等人开始在得克萨斯州的拉斯顿盗窃和抢劫。巴罗帮的丹尼尔在偷一辆车的时候，被车主迪拉德看到，迪拉德立刻从公寓里冲出来，他正好遇到开车回来的索菲，迪拉德上了索菲的车，两人开始追赶丹尼尔。

丹尼尔将车开到和克莱德约定好的地点后，就下车了。就在迪拉德准备抓住丹尼尔时，克莱德等人出现，他们挟持了迪拉德和索菲。克莱德等人带着迪拉德、索菲行驶了一整夜，等天一亮，迪拉德和索菲就获得了自由，他们还给了两人一些路费。虽然两人的车都被抢走了，但迪拉德和索菲还是很感谢巴罗帮饶了他们一命，他们本以为自己会被巴罗帮给杀害。

之后，巴罗帮遭遇了一场意外。他们没有看到路边的警示牌，将车开到了深坑里，除了邦妮外，其他人都毫发无损。邦妮被挤在车门和车架之间，汽车还起了火，邦妮虽然在其他人的帮助下成功获救，但大腿却被烧伤了。邦妮获救后，着火的汽车立即爆炸了。

汤姆是个农民，他正在干农活时突然听到了巨大的爆炸声，等他跑到事发地后发现了受伤的邦妮，于是就帮着克莱德等人将邦妮安排在自己家中养伤。汤姆注意到克莱德等人都带着枪，而且邦妮长得和通缉女犯很相似，于是他将这些人交给妻子照顾后就偷偷溜走了，他想去报警。当时克莱德只忙着给邦妮清理伤口，并未注意到汤姆的离开，等他发现汤姆不见了后，立刻带着其他人离开了。

克莱德在开车过程中发现了公路上的路障，他立刻改变路线，准备逃往阿肯色州。等他们安定下来后，克莱德就安排丹尼尔和巴克去弄些钱，他则留下来照顾邦妮。邦妮由于伤势严重，一直发着高烧。克莱德很担心邦妮，就给圣史密斯医院打了个电话，叫了一个医生。医生在检查完邦妮的伤势后，对克莱德说，邦妮最好立刻被送到医院接受救治，实在不行就找个专职护士照顾。于是克莱德雇了一个护士来照顾邦妮，邦妮的伤势也渐渐开始好转。

在邦妮养伤期间，巴克和丹尼尔一直负责到外面抢钱。但当时美国正值经济大萧条时期，他们根本没抢到多少钱，还和警察发生了交火，一名警察死在了他们的枪下。没有钱的日子对巴罗帮来说，十分难熬，他们甚至连肚子都填不饱，还要每天都生活在担惊受怕中，尤其是布兰奇每天都战战兢兢的。与此同时，美国的警方正在对他们实施全国通缉，就连联邦调查局也加入了抓捕巴罗帮的行动中。

1933 年 7 月 18 日，普雷特城的警方接到报警电话，巴罗帮入住了红色王冠旅馆。此时的克莱德等人并未意识到危险，他们去买了些药物和食品，准备在此地多待一段时间。第二天夜晚，警察悄悄包围了巴罗帮。克莱德最先意识到警察的到来，他先开枪后，丹尼尔和巴克也开了枪。在一阵交火之中，巴克被两颗子弹射中颅骨，直接倒了下去。

克莱德和丹尼尔一边和警方交火，一边带着其他人撤到车库里。当时警方的注意力一直集中在巴罗帮所居住的房间，并未注意到巴罗帮已经来到了车库前。当时警方的装甲车正挡在车库前面，在克莱德等人的扫射下，车里的司机只能开车远离车库。克莱德等人一进入车库，立刻开了一辆车冲了出来，最终他们冲出了警方的包围。这次的交火，巴罗帮损失惨重，邦妮的右眼被碎玻璃扎入，巴克的头部严重受伤，已经神志不清，丹尼尔的胳膊受了严重的枪伤，血流不止。布兰奇虽然没有受伤，但却被吓傻了，呆呆地坐在车里。

离开普雷特城后，克莱德等人在一个自然保护区停下，他们准备在这里休息一会儿。这时，警方正在进行地毯式的搜查，还召集了上百个志愿者。3 天后，警方接到一个餐馆服务生的电话，他说这几天每天都会往戴科斯菲尔德公园的一个树林里送五份餐。中午时分，警方来到了巴罗帮的落脚地。

此时的巴罗帮彻底慌了，只有克莱德镇定地发动了汽车。在警方的扫射中，克莱德的胳膊中了一枪，汽车立刻冲向了一棵树，然后停了下来。克莱德等人只好下车继续逃亡，混乱中他们走散了。巴克身受重伤被抓住，3 天后死在了医院。被吓傻的布兰奇也很快束手就擒。丹尼尔逃到树林中后，主动向警方投降，他已经被这样担惊受怕的日子折磨够了。在审讯中，丹尼尔告诉警方，克莱德和邦妮一直和家人保持着联系，有时还会聚一下。警方就开始翻查他们家人的档案，警方发现邦妮母亲的生日就要到了，这是一个实施抓捕的机会。

克莱德和邦妮逃出了树林，躲进了一个果园。不久之后，警方找到了他们的下落。克莱德和邦妮再次成功逃脱警方的包围。从那以后，警方就再也没有得到过他们的消息。此时的克莱德和邦妮正准备拉人入伙。

1934 年 1 月 16 日，克莱德和邦妮成功协助汉密尔顿和亨利逃出劳改农场。从那以后，这两个人就成了巴罗帮的新成员，巴罗帮继续抢劫银行。在复活节这天，克莱德等人正在 114 号州际公路上分赃时引起了两名巡警的注意，当时巡警们只是想查看一下，做贼心虚的亨利却开枪打死了一名巡警。另一名巡警立刻拔出自己的配枪，最终他也死在了克莱德的枪下。

之后，汉密尔顿和亨利由于和克莱德不和，在分赃后就离开了巴罗帮。不久，汉密尔顿被抓捕，并在 1935 年因杀害狱警被处以电刑。

1934 年 4 月的一天，克莱德开车时陷入泥里无法动弹。一名路过的司机看到克莱德后，发现克莱德身上别着手枪，就立刻报了警。两名巡警赶到后，克莱德立刻开了枪，一名警察被打死。之后，克莱德开车来到了堪萨斯州，偷了一辆汽车后，克莱德就带着邦妮回到了达拉斯和家人相聚。邦妮向母亲交代说，如果她和克莱德真的死在了警察的枪下，希望母亲能将她和克莱德葬在一起。

1934 年 5 月 22 日，一个名叫艾文森的老人来到警察局报案，他的儿子亨利曾和克莱德一起抢过银行，还杀了一名巡警。艾文森告诉警方，亨利已经后悔了，如果警方同意给亨利减刑，那么他就可以告诉警方克莱德和邦妮的下落。

得到艾文森提供的线索后，警方立刻包围了克莱德等人居住的小屋，并设下了埋伏。第二天上午，警方等来了克莱德和邦妮，当时他们正开着偷来的汽车。这次警方没有给克莱德反应的机会，立刻朝着他们的车开枪，克莱德和邦妮都被子弹击中后死去。

这对雌雄大盗被警方击毙的消息传播出去后，记者和许多人蜂拥而至，他们从案发现场拿走一些东西做纪念品，例如割下克莱德和邦妮的衣服，捡走子弹、打碎的玻璃。之后，克莱德和邦妮的尸体就被各自的家人领走了。克莱德的尸体被葬在了哥哥巴克的墓旁。邦妮的尸体则被葬在了另一处墓地，她的母亲一直都不同意邦妮和克莱德在一起，即使邦妮曾表示她死后要和克莱德葬在一起。

亨利在被警方逮捕后，由于警方和他父亲艾文森的约定，他由死刑被改判为终身监禁。12 年后，亨利获得假释，但不久却被火车撞死。

## 【匮乏性抚养】

克莱德和邦妮一直广受媒体的关注，在许多报道中，他们被塑造成了一对亡命天涯的鸳鸯，共同对抗着这个不公平的世界。在当时，美国正值经济大萧条时期，许多人的生活水平直跌谷底，人们对政府的不满情绪早已积累多时。这时，克莱德和邦妮出现了，他们就成了满足大众幻想的对象，公开对抗法律，和警察对着干，还几次成功逃脱了警方的包围。最令人瞩目的还要数克莱德和邦妮的爱情，他们对彼此一直不离不弃，尤其是邦妮，她本可以过正常的日子，但她却坚定追随克莱德，哪怕付出生命。

但这只是表面而已，他们真正的犯罪心理并非只是为了对抗社会的不公，甚至可以说，大众将克莱德和邦妮视作对抗不公的象征，只是一厢情愿而已。

克莱德只是一个盗窃和抢劫的惯犯，而邦妮则是一个很容易被危险男人吸引的女人。她不会觉得抢劫和盗窃是犯罪，她会觉得犯罪能将自己和克莱德更加紧密地联系在一起，例如邦妮的丈夫也同样是个危险的男人，在一次街头斗殴中因杀人入狱。

克莱德从小在一个极端贫困的环境下长大，他无力改变自己的贫困，就只能偷窃和抢劫。像克莱德这样的罪犯很容易引起人们的同情，因为当时的许多美国人都处于贫困之中，对克莱德因贫困而愤怒感同身受。但值得注意的是，当时的经济大萧条不只影响到了克莱德一家，千千万万的美国人都受到影响，他们却并未像克莱德一样去盗窃和抢劫，更别提杀人。

如果一个人在缺乏物质保障或缺乏情感的环境下长大，那么他极有可能会形成危险人格，出现犯罪行为。克莱德的情感与正常人无异，他会定时和家人相聚，在邦妮受伤时还会悉心照顾她。显然克莱德并非在缺乏情感的环境下长大，但在他的成长环境中，物质匮乏是显而易见的，他的父亲亨利最初只是个农民，负责在烈日下摘棉花，后来虽然在达拉斯开了一家加油站，但一家人的生活还是未能得到改善，再加上家里孩子众多，这使得本就贫困的日子更加拮据。

克莱德和哥哥巴克很早就离开学校去偷窃和抢劫，他早已习惯了通过犯罪的方式来生活。一个人的生活习惯一旦形成，就会产生相应的观念，除了偷窃和抢劫外，克莱德已经想不到其他的营生方式。渐渐地，在克莱德年龄增长的同时，他的人格特质也形成并稳定，他的一生只能与犯罪和监狱为伍，而邦妮则是他犯罪人生中的安慰。

邦妮看上去是个为了爱情不惜付出一切的女人，实际上她只是一个轻易被危险男人迷得神魂颠倒的女人。有一部分女人很容易被危险的男人所吸引，会觉得克莱德的犯罪是一种力量的体现。许多人之所以会被克莱德和邦妮的爱情故事所吸引，是因为觉得他们的日子过得激情澎湃，和警察交火并逃出包围是一场惊险刺激的冒险。但这只是幻想，巴罗帮的成员丹尼尔会主动投降，就是因为厌倦了这种表面惊险刺激，实际上却颠沛流离的生活。

# Criminal Psychology

选民们追捧的市长杀手——

**马塞尔·佩蒂特**

　　1943 年 5 月 24 日，德国的盖世太保抓了一个法国抵抗运动组织的人，他名叫马塞尔·佩蒂特，在巴黎 16 区有一栋豪宅，在德军占领巴黎后，多次和犹太人联系。之后，盖世太保对佩蒂特进行了 8 个月的严刑拷打，渐渐地，盖世太保发现佩蒂特与抵抗运动没什么关系，于是就放走了他。

　　没过几天，佩蒂特因杀人罪被警方通缉。原来，在佩蒂特获得自由后没多久，他的邻居们就闻到了令人作呕的烟味，而烟雾是从佩蒂特的豪宅里飘出来的，随后邻居们就叫来了消防员。邻居们本以为佩蒂特的家中失火了，消防员却意外在佩蒂特的房屋管道中发现了大量的肉块，而且已经腐烂了，后经证实这些肉块均属于人类。此时佩蒂特早已跑了。

　　法国警方在搜查佩蒂特的豪宅时发现了一个地下室，显然佩蒂特就是在这里对尸体进行肢解，把尸体切割成一个个小块，然后将它们扔到地下管道里。而且，警方还在佩蒂特的家里发现了一个炉子，这是他专门用来毁尸灭迹的，他将被害人的尸体都扔进炉子里烧毁。当时法国警方并未意识到佩蒂特是个连环杀手，只以为佩蒂特是个盖世太保，专门杀害法国抵抗人员。而德国的警察却认为佩蒂特是个法国反抗分子，专门杀害投降者。

　　检察官在搜查佩蒂特房子的时候，发现了许多被害人的物品，例如箱子和衣物，检察官根据这些物品确认佩蒂特一共杀害了 27 个人，其中有 15 名犹太人、4 名嫖客、4 名妓女、3 名病患和 1 个身份不明的人。这些人与政治毫无关系，都是无辜的民众，这也进一步证明了佩蒂特就是一个连环杀手，既不是法国抵抗分子，也不是投敌分子。而且检察官在调查佩蒂特的时候发现，他是个有着医学博士学位的医生，还曾两次当选市长。

最终佩蒂特被判处死刑，并在 1946 年 5 月 25 日被处死，临死前佩蒂特说："请你们不要看我，我怕自己的形象不好看，我希望自己能在你们的心中留下一个美好的形象。"

1879 年，佩蒂特出生于法国勃艮第的欧塞尔市的一个普通家庭。佩蒂特从小就是一个与众不同的孩子，他很聪明，智商远高于其他孩子，5 岁时就已经掌握了 10 岁孩子才学习的知识。小学时，佩蒂特就开始向同学们传授男女两性健康知识。除了与年龄不符的高智商外，佩蒂特还有十分严重的暴力倾向，经常拿刀威胁同学，同学们都很怕他。而且佩蒂特还有虐待动物的行为，对于他来说，暴力行为就是他日常生活中必不可少的一部分。佩蒂特早早地就开始偷窃，而且屡教不改，小学时差点因偷窃被送上少年犯法庭。

第一次世界大战来临后，佩蒂特和许多法国青年一样到军队服役，并被送上了战场。1917 年 5 月 20 日，佩蒂特在一次战役中负了伤，他的左腿被炸弹炸伤了，于是他被送往后方养伤。1918 年，养好伤后佩蒂特再次被送上战场，但不久他再次受伤被送去治疗。在养伤期间，佩蒂特还因精神障碍看了心理医生。心理医生觉得佩蒂特总是表现得健忘、失眠、焦虑，医生怀疑他在战争中受到了心理创伤，从而造成了神经衰弱。

之后，佩蒂特就再也没有被送回前线。不过关于佩蒂特是否因战争而受到心理创伤，一直存在争议。且不说佩蒂特是个连环杀手，心理素质绝对过硬，他在养伤期间还通过了医学院的博士论文审核，取得了优异的成绩。对于一个真的饱受心理创伤折磨的人来说，是不可能有精力去学习的，一个人如果经常处于焦虑中，那么他的所有精力都会被耗费殆尽。例如一个真正患有创伤后应激障碍的士兵，他会被困在战争所带来的创伤中无法自拔。

1922 年，佩蒂特开始开诊所行医。佩蒂特的医术很高明，每天诊所都会接待许多患者。除了看病外，佩蒂特还热衷于参加各种社交活动，待人有礼有节、对孩子和女人十分绅士，像他这样的人在各种社交圈都很受欢迎。后来，许多人都知道了佩蒂特这个医生，在人们的传言中，佩蒂特不仅医术高明，还颇有仁心，经常给穷人免费看病、给贫困儿童免费接种疫苗。

1926 年，佩蒂特开始参与政治，还参加了市长竞选。7 月份，28 岁的佩蒂特在市长竞选中脱颖而出，成为当地的市长。一名富商十分看好这个颇有前途的年轻人，就将自己的女儿介绍给了佩蒂特。这名富商在法国中央政府里有许多人脉，和许多政要的关系都不错，对于佩蒂特来说这是一个正确的选择，他很快就与富商的女儿完婚，两人婚后生下了一个男孩。

有了富商岳父的支持，佩蒂特有了更多的机会接触巴黎的议员，甚至部长级别的人，经常和他们在一起进餐聊天。

1930 年，佩蒂特因涉嫌挪用公款被法院调查，法院还发现佩蒂特根本没有传说中的那样好，他虽然也会给穷人提供免费治疗，但并不频繁。后来法院将佩蒂特的这两大丑闻进行了曝光。这次的曝光并未影响佩蒂特的政治事业，他的选民依旧在选举中投了他的票，让他再一次当选市长。佩蒂特后来甚至还成为省议会的议员。

1935 年，有关佩蒂特的丑闻接连被曝光，例如偷走市政府的保险柜、拖欠电费、伪造各种票据、涉嫌杀害情妇。佩蒂特的这些丑闻一经曝光，选民们纷纷弃他而去，他不得不离开当地，带着一家人搬到巴黎躲避风头。

来到巴黎后，佩蒂特立刻开了一家诊所，还专门发放广告吸引患者。佩蒂特的诊所广告词是他亲自写的："佩蒂特医生是巴黎的医学院博士，曾经做过市长、省议会议员，该诊所附近有许多公交站和地铁站，还有完善、先进的医疗设备，欢迎患者前来就诊。"很快，佩蒂特的诊所就吸引了许多患者，再加上佩蒂特的医术很高明，前来就诊的患者越来越多。

第二次世界大战爆发不久，法国就被德军占领了。从那时起，佩蒂特的诊所就关门了，他想到了一个更好的赚钱方法，他决定引诱一些有钱的犹太商人到家中，然后将他们杀害并吞掉他们的财产。1941年2月11日，佩蒂特在巴黎16区购买了一栋豪宅，还专门在里面建了一个隔音的房间，他准备在这里大开杀戒。

当时的犹太人被德军到处追杀，犹太人都希望能带着钱赶快逃离欧洲这个危险之地。佩蒂特看准了犹太人的心思，就谎称可以帮犹太人逃到阿根廷，有不少犹太人都上当了，会收拾好贵重物品和行李去佩蒂特家。

1942年1月2日，佩蒂特将邻居骗到了自己家，这是他杀死的第一个犹太人，是一个皮货商，当他得知佩蒂特能带自己离开欧洲后，就带着贵重的珠宝来到了佩蒂特的家，并听从佩蒂特的建议接受了血清注射。当时佩蒂特告诉他这支血清剂可以帮他提高免疫力，以防止逃亡路上感染疾病，实际上这是一支毒药。这个皮货商死后，他的贵重珠宝和行李就成了佩蒂特的财产。佩蒂特利用这种方式杀了许多人，为了不引人怀疑，佩蒂特将被害人的尸体肢解成一个个小块，然后到塞纳河、巴黎街道抛尸，也有一部分扔进了下水道。后来，佩蒂特侥幸从德国盖世太保手下逃脱后，就想起了用火炉烧毁尸体的办法，他觉得这样能更快地处理掉尸体，却引起了邻居们的怀疑。

## 【无法正常处理情感刺激的大脑】

佩蒂特是个智商超群的反社会人格者，他的高智商可以帮助他逃脱兵役、帮助他获得医学博士学位，同时也可以帮助他掌握社交技巧，成为一个受欢迎的人，从而接连两次当选市长。

对于反社会人格者来说，他的大脑皮层在处理情感刺激时与正常人不同。在一项实验中，反社会人格者在看到情绪词汇并进行辨认时，他大脑中的颞叶部分会活跃起来。对于一个正常人来说，只有在做一道颇有挑战性的智力题时，他的颞叶部分才会活跃。也就是说，反社会人格者在辨认情感词汇时，就好像在做一道智力题，而对于正常人来说，辨认情感词汇是一件非常容易的事情，根本用不着颞叶部分的参与。

佩蒂特虽然无法像正常人一样拥有真实的情感体验、缺失道德感，但他却可以利用自己的高智商去进行辨认和计算，知道如何表现出仁慈，例如为穷人提供免费治疗，也知道如何赢得选民们的支持。对于选民们来说，佩蒂特是个有爱心的人，他当选为市长一定会给市民们带来福利。但对于佩蒂特来说，他只不过是将选民当成可以利用的棋子而已，甚至他后来和富商的女儿结婚，也只是在利用对方，因为反社会人格者的本质特点是冷漠无情，根本没有爱人的能力。

# Criminal Psychology

脖子上的死亡蝴蝶结——

## 阿尔伯特·德萨尔沃

1962 年 6 月 14 日早上 7 点多，马萨诸塞州波士顿的警方接到一名男子的报案，他的母亲被人杀死在自己的公寓中。男子的母亲名叫安娜·施列赛尔斯，是一名 55 岁的老妇人。之前，安娜告诉儿子她想在 6 月 14 日这天去教会参加活动，于是儿子就在这天早上开车来到安娜的公寓，想要载她去教会。安娜的儿子一直敲门，安娜都没有回应，他担心母亲出了意外，就破门进去，在卫生间发现了母亲的尸体。

安娜被发现时，下身赤裸着，双腿呈打开的状态，下体还有被硬物弄伤的痕迹，安娜的脖子上紧紧缠绕着一条睡袍带子，她显然是被凶手用这条睡袍带子勒死的，她的耳朵里还因此流出了血液，睡袍带被凶手打成了一个蝴蝶结状，就好像打包一件礼物一样。

警方发现安娜的公寓被人翻得乱七八糟，好像入室盗窃一样，但警方在搜查中发现安娜的财物并未丢失。警方开始怀疑凶手的目的是实施强奸，但尸检报告显示安娜虽然遭受了性侵，法医却并未在她的体内发现精液，警方也没有在案发现场找到精液。最离奇的是，安娜的房门没有被撬开的痕迹，这说明安娜主动让凶手进门，凶手并非强行破门或撬门而入。

警方从安娜的儿子那里了解到，安娜刚刚从东欧移民至美国不久，是个裁缝，经济收入不太好，只能在波士顿较为贫困、混乱的居民区租一间老公寓，这里居住着许多新移民、退休工人和学生等贫困人员。安娜的丈夫早已离世，她与儿子一直生活在一起，后来儿子结婚就搬走了。从那时起安娜就独自一人居住，平日里靠帮人裁剪衣服为生。安娜的儿子告诉警方，他的母亲是个很热心、外向的人，特别喜欢参加社区活动，也有许多朋友，十分喜欢裁缝这份工作。

由于安娜被害没有目击者，警方也没有查到相关嫌疑人，于是该案件被搁置起来。当时警方将该案件定性为一起普通的入室抢劫杀人案。

1962 年 6 月 28 日，85 岁的玛丽·马伦被人发现死在了自己的公寓里，当时警方认为玛丽是个高龄老妇人，再加上玛丽身上并无明显伤痕，警方认为玛丽死于心脏病突发，玛丽被害案被定性为自然死亡。实际上，玛丽是被人掐死的，而且还遭受了强奸。

6 月 30 日，68 岁的妮娜·尼科尔斯在自己的公寓里被人杀死，她身着粉色的家居服，脖子处紧紧缠绕着两只尼龙袜子，耳朵处留有血液。与之前的被害人一样，妮娜也遭受了强奸，警方在她的大腿处发现了精液。

一个星期后，65 岁的海伦·布莱克在自己的公寓里被人杀害，她身上穿着一件带血的睡衣，身体弯曲着躺在床上，脖子处缠绕着一双袜子，同样是被人勒死的。海伦的公寓虽然距离妮娜的公寓有 15 公里，但这两起凶杀案的作案手法十分相似，两名被害人都是在自己的公寓被人勒死，而且还遭受了性侵，唯一不同的是海伦家里出现了财物丢失的现象，她的两枚钻石戒指被凶手拿走了。警方开始怀疑这两起案件是同一个凶手所为，这说明波士顿隐藏着一个恐怖的连环杀手，专找老妇人下手。

为了防止悲剧的再次发生，当地警方开始派出一队警力专门负责在深夜时分到街上巡逻。在很长一段时间内，波士顿地区都没有出现过相似的谋杀案，但马萨诸塞州的贝肯山开始有老妇人被害。

1962 年 8 月 19 日，75 岁的艾达·伊尔加死在了自己的公寓里，她是个退休工人，丈夫去世后一直独自居住。被人发现时，艾达的尸体全身赤裸着、被摆成大字形，嘴巴、眼睛、鼻子处都有血迹，凶手用艾达家的白色枕头套勒死了她，而且勒死她的时候十分用力。与之前不同的是，凶手没有再打蝴蝶结。警方没有在艾达的公寓发现强行闯入的痕迹，也没有发现丢失财物的迹象。

8月20日，在艾达尸体被发现的24小时内，第六名被害人的尸体被发现，她是67岁的简·沙利文，简的尸体被凶手倒置在浴缸内，导致简死亡的原因虽然是窒息，但她并非溺水，而是被凶手性侵后用尼龙丝袜勒死，她的脖子上正缠绕着两只尼龙丝袜。简的公寓显得很整齐，没有被人翻动过的迹象。

之后很长一段时间内，凶手都没有继续作案，当地也没有发生新的命案，但这种平静的日子只持续了3个月就被打断了，这次的被害人是个年轻的黑人女子苏菲·克拉克。

1962年12月5日，苏菲的室友外出回家时发现了她的尸体，当时苏菲下身赤裸着，脖子上缠绕着丝袜和衬裙，凶手将这些东西打成了蝴蝶结，然后勒死了苏菲，而且苏菲的口中还被塞入了不明物体。苏菲只有20岁，与人在波士顿合租了一间公寓，她的公寓所在地与第一位被害人女裁缝安娜只相距两个街区。

苏菲的室友告诉警方，苏菲正在上大学，她是个性格安静保守的人，与男朋友的感情很好，从不和异性过多接触。

警方在搜查案发现场时，发现了苏菲写给男朋友的信，正摆在苏菲的书桌上，还没有写完。警方在对房门、门锁进行检查时，并未发现被破坏的痕迹，警方怀疑苏菲正在给男朋友写信时突然听到了敲门声，她或许以为是室友回来了，于是就开了门，主动让凶手进来。凶手在杀死苏菲后，显然在公寓里乱翻东西，但奇怪的是公寓里的财物并未损失。显然凶手的目的并不是钱，可能是为了强奸，警方在仔细搜查一番后，在公寓里找到了精液残留物。

公寓楼下的一名老妇人告诉警方，在苏菲遇害的当天，一名可疑的年轻男子来敲门，她开门后，男子问她是否需要刷墙等装修服务。老妇人回答说，不需要，她的丈夫正在睡觉，不要打扰他。之后男子就怒气冲冲地离开了。

苏菲被害案让警方的调查工作陷入了僵局之中，苏菲明显与之前的被害人不同，她年轻，还是个黑种人，而之前所有的被害人都是白人女子，而且年龄很大，警方开始怀疑苏菲的死是否与之前的案件有关。不过苏菲被害案的作案方式却和之前的案件十分相似，如果杀死苏菲的人正是警方一直在追捕的连环杀手，那么就说明凶手在选择杀人对象时并不仅仅局限于老妇人，也就是说，波士顿的所有女人都处于危险之中。

苏菲的被害在波士顿立刻掀起了轩然大波，女人们开始惶惶不安，每天都生活在死亡的阴影里，她们担心自己某天会突然被凶手杀死。警方为了安抚公众的恐慌，加大了夜间巡逻的警力，但这种安全措施并没有阻止凶案的再次发生。

1962 年 12 月 30 日，圣诞节刚刚过去没多久，波士顿的警方就接到报案，23 岁的帕特里夏·比赛特被人杀死在自己的公寓里。帕特里夏被害时已经怀有两个月的身孕，她独自一人居住，由于好几天无故旷工，她的老板就去她家查看情况。当时老板怎么敲门都无人回应，他担心帕特里夏可能出事了，于是就从她家的防火梯爬进了她的公寓，然后在帕特里夏的卧室发现了她的尸体，当时帕特里夏蒙在被子里，当老板掀开被子后就发现帕特里夏早已被人勒死，她的脖子上缠绕着自己的丝袜，丝袜被打成了蝴蝶结状。

1963 年 3 月 9 日，69 岁的玛丽·布朗在自己的公寓里被人杀害，与之前的被害人不同，玛丽生前遭受了毒打，她的胸口处还有十分严重的刺伤，玛丽在遭受了强奸后被凶手勒死，凶手同样打了个蝴蝶结。

1963 年 5 月 8 日，23 岁的贝弗利萨在自己家中被人杀害，她的脖子处紧紧缠绕着丝袜和围巾，还都被打成了蝴蝶结状。不过导致贝弗利萨死亡的原因并不是窒息，而是刀伤引起的失血过多，贝弗利萨的身上一共有 22 处刀伤，其中颈部被刺了 4 刀，胸部被刺了 18 刀，她的血流得到处都是。

1963 年 9 月 6 日，距离波士顿 30 公里远的萨勒姆市发生了一起相似的命案，被害人是 58 岁的伊芙琳·卡宾，她的脖子上缠绕着丝袜，被凶手勒死，死前伊芙琳遭受了强奸，警方在她的嘴里和卧室的床上都发现了精液，而且伊芙琳的嘴里还塞着自己的内裤。凶手将伊芙琳的公寓翻得乱七八糟后离开，并没有带走任何财物。

1963 年 12 月 23 日，23 岁的琼·格拉夫遇害，她生前遭受了殴打和强奸，凶手还在她的胸部留下了咬痕，最后凶手用她的两条丝袜将其勒死。

琼楼下的邻居告诉警方，在琼遇害的当天，曾有一名穿着绿色大衣的男人来找琼，当时他敲错了门，邻居就告诉他琼住在楼上，之后男子就离开了。在目击者的记忆中，这名可疑的男子 30 岁左右，身高在 175 厘米左右。

不久，19 岁的玛丽·沙利文被凶手用丝袜勒死在自己的公寓中，除了颈部的致命伤外，玛丽身上有许多伤，地板上到处都是她的血迹，而玛丽的尸体就被赤裸着泡在鲜血中。警方在玛丽的下体部位发现了一把扫把柄，她的脸上还残留着精液。玛丽的脚边留着一张贺卡，上面写着"新年快乐"。

在波士顿流窜作案的连环杀手，让女人们恐慌不已，女人们都不敢单独留在家里，单身女子为了克服恐惧开始养狗，当时波士顿的宠物领养中心的狗都被人争抢一空。与此同时，警方的压力也很大，一直在努力破案。

就在警方以为连环杀手会继续作案时，他突然停手了。警方一方面觉得不可思议，另一方面松了一口气，这下警方终于有时间进行案件整理和调查，而不是忙着到案发现场去取证、勘察。为了寻找犯罪嫌疑人，警方扩大了调查范围，凡是从监狱和精神病院出来的具有性侵记录的男性一一接受警方的调查，但警方并未找到可疑者。

1973年11月的一天晚上，马萨诸塞州的监狱精神病医生埃姆斯·罗比接到了一个名叫阿尔伯特·德萨尔沃的犯人的电话，他说自己就是多年来警方一直在追捕的波士顿连环杀手，他还请罗比第二天带着一个记者来监狱采访他，他想写一份关于自己杀人行径的自传。

罗比根本不相信德萨尔沃是个杀死13名女子的连环杀手，但在德萨尔沃的坚持下，罗比准备第二天去监狱探望德萨尔沃。但是德萨尔沃却在监狱里被人刺杀了，刺杀他的凶手不仅没找到，他的自传草稿也不见了。

1964年11月，33岁的德萨尔沃因猥亵的罪名被警方拘留。从1961年起，德萨尔沃就开始在哈佛大学附近寻找女学生下手，他装作一家模特公司的经纪人，然后去敲女学生宿舍的门，对女学生们说他的公司正在物色新模特。有的女学生会上当，然后德萨尔沃会习惯性地掏出一根量尺，开始以量尺寸的名义对女学生实施猥亵。

在因猥亵罪被逮捕后不久，法官考虑到德萨尔沃是一个养家糊口的人，还得和妻子一起照顾一个病重的孩子，于是就减少了他的刑期，德萨尔沃在监狱里待了1年就出狱了，几个星期后波士顿发生了第一次扼颈谋杀案。

在最后一名被害人玛丽·沙利文遇害后不久，德萨尔沃再次被捕入狱，一名女子指控他潜入自己的公寓，用刀子威胁她，乱摸她的下身。德萨尔沃在意识到警察正在追捕自己时，开始拼命逃跑，这时德萨尔沃注意到一名警察不小心弄掉了自己的配枪，他立刻停止逃跑，迅速地捡起枪后主动交给了警察，警察给德萨尔沃戴上手铐后，将他抓走了。

在法庭受审时，德萨尔沃表现得很不正常，供述的内容混乱不清，法官怀疑他精神不正常。之后，德萨尔沃就被送进了一家州立精神病院里。

当康涅狄格州的警方得知德萨尔沃被捕的消息后，立刻联想起了之前发生的一系列袭击女子的案件，被害人们向警方提供了一个总是穿着绿色外套的男人，他打扮成一个干零碎杂活的人，在骗得被害人的信任后就进入被害人家中，对被害人实施强奸。在审讯中，德萨尔沃很快承认这一系列性袭击案件都是他所为。当时警方并未将德萨尔沃与波士顿扼杀者联系在一起，因为德萨尔沃没有任何命案在身，而且警方也不认为一个连环杀手在犯下一系列暴力杀人案件后会转向性袭击这样轻微的攻击案。

其实第一个听到德萨尔沃招供的人并不是监狱精神病医生埃姆斯·罗比，而是一名叫贝利的律师。贝利在辛普森杀妻案中因出色的辩护而在律师界名声大振，后来他成了杀人犯乔治·纳赛尔的辩护律师，乔治是德萨尔沃在精神病院里的好朋友，他因残忍地杀害一名加油站职工被判处终身监禁。

德萨尔沃经常向乔治吹嘘自己征服女人的性能力，后来甚至说他就是波士顿的扼杀者。乔治在 1965 年 2 月与贝利见面时问了一个问题：波士顿的扼杀者是否可以出版自传来赚钱？贝利问乔治为何会有这种奇怪的念头时，乔治说狱友德萨尔沃承认自己就是波士顿扼杀者，他还督促贝利去采访德萨尔沃。

于是贝利和德萨尔沃见了面，并录下了他的供述内容。贝利认为德萨尔沃就是波士顿扼杀者，因为他描述案件过程和细节十分详尽，只有凶手本人才能了解得如此清楚。

1931 年 9 月 3 日德萨尔沃出生于马萨诸塞州，他的父亲弗兰克是个酗酒的暴力狂，经常会虐待妻子和孩子，还会带妓女回家，当着孩子们的面和妓女发生性关系。德萨尔沃 7 岁时，父亲让一个妓女和他发生了性关系。

弗兰克一直觉得家里的孩子太多，于是就将德萨尔沃和两个女儿卖给了一个农场主。6 个月后，母亲找到了德萨尔沃和他的姐妹，并将他们领回了家。不久，德萨尔沃的父母离婚，他和母亲生活在一起，一边上学一边打零工补贴家用。

13 岁时，德萨尔沃因抢钱被捕，由于是初犯，加上所涉金额较少，法官对他进行了从轻处罚。没过多久，德萨尔沃再次因抢劫罪被捕，之后他被送到了莱曼男子工读学院，两年后他获得了假释。

14 岁时，德萨尔沃开始表现出滥交和暴力的倾向，他会将狗和猫关在一个笼子里，然后欣赏它们相互撕咬直至死亡。

17 岁时，德萨尔沃应征入伍，加入了美国陆军，被派往欧洲。在那里，德萨尔沃认识了他的妻子伊姆加德，两人迅速相爱并结婚。婚后，伊姆加德发现德萨尔沃不仅性欲旺盛，还有性变态的倾向。在欧洲服役期间，德萨尔沃每天都要和女人发生好几次性关系。

后来，德萨尔沃和妻子回到美国后不久，就因猥亵一名 9 岁女童被捕。由于女童的母亲考虑会影响到孩子，决定不起诉他，于是主动撤销了对德萨尔沃的起诉，让他逃脱了法律的制裁。

1956 年，伊姆加德为德萨尔沃生下了一个女儿，之后一家人搬到波士顿居住，此时的德萨尔沃的性变态倾向变得越发严重，不过周围人并不知道他是个性变态，觉得他和普通的男人没有什么分别，是个好丈夫、好父亲，直到德萨尔沃因一系列性袭击被捕入狱。

德萨尔沃到底是否是波士顿扼杀者，一部分人一直很怀疑，相较于德萨尔沃，乔治反而更像波士顿扼杀者，他不仅擅长操控人心，还很狡猾，对女人们充满了憎恨，凡是和他接触过的人都相信他完全会做出非常残忍的事情。

表面上乔治和德萨尔沃是好朋友，乔治也是德萨尔沃最信任的人，实际上智谋远远高于德萨尔沃的乔治明显对他具有操控能力。凡是德萨尔沃接受采访或和弟弟理查德见面时，乔治一定会在场，而且如果没有乔治的允许，德萨尔沃一定不会说话。而且德萨尔沃还允许乔治的辩护律师贝利成为自己的辩护律师，他深信贝利会使自己免于电椅的惩罚。不少人认为，德萨尔沃所陈述的案情都是乔治说给他听的，乔治极有可能诱惑德萨尔沃主动招供，这样他就可以写自传出书，赚到很多钱。

德萨尔沃的弟弟从来都不相信他是波士顿扼杀者，他在德萨尔沃遇刺的几个月前曾去探望过他。当时理查德感觉德萨尔沃明显想摆脱乔治的控制，他对理查德说："你想知道真正的波士顿扼杀者究竟是谁吗？他就坐在这里。"这时理查德注意到，乔治的脸色变了，变得很苍白。理查德认为德萨尔沃之所以一直不敢说出真相，是因为他感觉到了死亡的威胁，他甚至还乞求监狱对他实施保护措施，实际上德萨尔沃一直受到监狱的保护性监禁，他被单独关押在一间囚室里，如果有人想要杀死他，就必须通过六道保安检查关卡，从而进入他的囚室。即使如此，德萨尔沃还是被刺杀了。

## 【狩猎地点的选择】

一个连环杀手在寻找猎物之前，会先选择狩猎地点，也就是说选好杀人的地点。对于连环杀手来说，他对狩猎地点的选择通常会受到以下几种因素的影响：

个人喜好。例如美国残杀妓女的连环杀手罗伯特·汉森会将妓女用小型飞机带到阿拉斯加的森林里进行枪杀。到了森林，汉森会给妓女松绑，故意让她逃命，自己则像个猎人般用枪捕杀妓女。汉森在上学时就十分喜爱到森林里捕猎，他能从猎杀妓女中感受到捕猎的刺激。

合理的接近理由。例如德萨尔沃在性袭击时，会伪装成模特公司的经纪人，从而诱使女学生上当，然后他会假借量尺寸之名对女学生动手动脚，有的女学生会意识到自己上当了，被面前这个色狼猥亵，但也有不少女学生会觉得德萨尔沃这么做无可厚非，因为他是模特公司的经纪人。这个伪造的身份给了德萨尔沃合理接近女学生的理由，并正大光明地实施猥亵。

适宜逃脱的机会。例如大部分连环杀手都会在自己熟悉的地区作案，熟悉的地区不仅可以带来心理上的安全感，杀手还因熟悉地形可以轻松逃跑。德萨尔沃在作案的时候从不在他家附近寻找被害人，而是开着车毫无目的地在贫民窟寻找"猎物"，因为他是个建筑公司的维修工人，对这些地点十分熟悉，开着车也比较容易逃脱。

对于一个罪犯来说，他所选择的作案地点主要分为两类：入室和室外。入室强奸杀人的罪犯，在选择狩猎地点时会慎重地进行考虑，为了方便得手他会选择自己熟悉的地方下手，这样方便事后逃脱；或者选择一些小户型的住户，这些住户通常独自一人居住，例如波士顿扼杀者所选择的被害人全部是孤寡老妇人或者年轻的单身女子，这不仅便于他轻易制服被害人，同时不会被他人打断，如果选择一对夫妇下手，就极有可能会失败。德萨尔沃是个建筑公司的维修工人，这份职业给他提供了很大的便利，他可以利用这份职业随便地出入被害人的公寓，因此他对被害人的情况十分了解，知道哪个女子独自一人居住，是个合适的"猎物"。

不论是入室强奸还是杀人，都说明该罪犯事先有预谋，极有可能存在犯罪前科，例如不少入室强奸犯都有过入室盗窃的经历。室外强奸杀人的罪犯大多数是激情犯或机遇犯，没有事先谋划，只是在特定的情境下突然开始犯罪。

# Criminal Psychology

英国服刑时间最长的罪犯——

## 布拉迪与新德里

　　1965 年 10 月 7 日，英国曼彻斯特的警察局有一名男子前来报案，他就是大卫·史密斯。他目睹了一场血腥的谋杀案，他的妹夫伊恩·布拉迪用斧子砍杀了一名十几岁的少年，他说："我先听到了一声惨叫，之后惨叫声持续不断，米拉喊我去给伊恩帮忙，我就跑到卧室去查看情况，当时我看到一个少年躺在沙发上，伊恩就踩着他的腿站在他身上，那个场面混乱极了，伊恩好像还喝了点酒，之后我看到伊恩用斧头砍下了他的头。"

　　米拉·新德里是大卫妻子的妹妹，经常因小偷小摸进警察局。大卫刚刚经历了丧子之痛，每天都生活在暴躁和焦虑之中，后来他在布拉迪的开导下慢慢开始接受布拉迪"世界原本就如此残酷"的说法，并被布拉迪身上所散发的邪恶气息所吸引。在布拉迪的引导下，大卫接受了各种纳粹读物，成为布拉迪的崇拜者，答应加入布拉迪的抢劫银行行动中。

　　10 月 6 日的晚上，布拉迪让大卫来"入伙"。所谓的入伙，就是让大卫参与到杀人行动中，大卫被这血腥残忍的一幕吓坏了，第二天就去警察局报了案。

　　警方按照大卫所提供的地址来到了布拉迪的住所。当布拉迪和新德里看到警察后十分镇定，没有表现出任何慌乱。警方进入房间后，发现客厅十分干净、整洁，丝毫不像作案现场。后来警方提出上楼查看，布拉迪说新德里的祖母正在楼上睡觉，她不喜欢被人打扰。警方没有理睬直接上了楼，然后在一个塑料袋里发现了一具尸体，当时尸体被捆绑起来，显得只有婴儿般大小。

　　当警方质问布拉迪和新德里，他们的家为什么会有一具尸体时，两人显得很镇定，也很团结，他们一口咬定凶手是大卫，他们什么也没做，这一切都是大卫干的。幸运的是，大卫除了是目击证人外，还提供了其他证据，他告诉警方在曼彻斯特中央车站的保管箱里藏着布拉迪和新德里犯罪的照片和录像。

这些证据揭开了从 1963 年 7 月起曼彻斯特接连发生的系列儿童失踪案的真相。警方从中央车站的保管箱里发现了 9 张猥亵照片和一段 13 分钟的求救录像。在这些照片中，有 10 岁失踪女童莱斯丽的裸体照片，还有布拉迪和新德里在被害儿童尸体旁的合影。在那段录像中，有被害人尖叫着："我要找妈妈！"也有布拉迪和新德里恶魔般的声音，他们的声音听起来显得很享受，一点儿也没有因为一个孩子的恐惧尖叫而感到难过。

警方还注意到有些照片中可以看到一条宠物狗的身影，这是新德里的宠物狗。警方为了掌握更充足的证据，决定请兽医来鉴定它的年龄，认为这可以帮助警方定罪。但兽医在给宠物狗进行全身麻醉的时候没有掌握好剂量，宠物狗因麻醉导致了肾衰竭死亡。当新德里得知自己的宠物狗死了时，情绪十分激动，她冲着警察喊道，都是警察害死了她的宠物狗。

在审讯之中，布拉迪和新德里表现得很团结，他们一致将罪名推到大卫的身上，而且他们还表现得十分自信，甚至已经到了傲慢、狂妄的地步，坚决不肯承认任何罪行，否定所有不当的行为。后来警方根据照片确定沙德伍兹沼泽就是两人的抛尸地点，警察们带着警犬在沼泽地搜寻，月底警方找到了 3 名被害人的遗体和一些遗物，并对布拉迪和新德里提起了诉讼。

1966 年 5 月 6 日，陪审团在经过两个小时的讨论后终于做出判决，认定布拉迪犯有 3 项谋杀罪，他被判处 3 个终身监禁。新德里犯有两项谋杀罪及包庇罪，被判处两个终身监禁和 7 年刑期。本来，两人应该被判处死刑，但由于当时英国的《废除死刑法案》刚刚生效，于是两人就被免去了死刑。

布拉迪和新德里的罪行自从曝光后，立刻在整个英国疯狂流传，而大卫一时间成了风云人物，他靠着向媒体和出版社售卖布拉迪和新德里的故事发了一笔横财。布拉迪和新德里的名字也成了恶魔的代名词，人们都不再给女儿取和新德里相同的名字。

法官在宣读审判结果时表示，布拉迪是个无可救药的人，有难以置信的邪恶，永远也不得获得假释。但法官对新德里的看法却不同，他认为新德里受到了布拉迪的邪恶影响才变成了一个冷血的人，或许将来新德里能够改过自新，某天可能会被释放。新德里牢牢记住了"可能被释放"这句话，自从入狱后就开始不停地上诉，直到1982年，法官判处她服刑25年。之后新德里开始努力申请假释，不断被驳回。

按照英国的法律规定，内政大臣有决定杀人犯监禁年限的权力。20世纪90年代，英国时任内政大臣大卫·沃丁顿决定将新德里判定为终身监禁的囚犯。1997年，时任内政大臣斯特劳再次将新德里判定为终身监禁的囚犯。这样一来，新德里就渐渐放弃了有生之年走出监狱的希望。

入狱后，警察厅总督彼得·道平经常到监狱探望新德里，他希望新德里能主动承认罪行，并与警方合作找到其他被害人的尸体。一位被害人的母亲甚至还写了一封长信给新德里，她希望新德里能够提供藏尸的地点。

1987年，新德里承认了所有的罪行，并决定帮助警察寻找尸体，在她的带领下警方派出了大量警力展开了搜查工作，但结果却是一无所获。彼得认为，新德里这么做并非出于愧疚之情，只是为了抢在布拉迪之前得到公众的认可。

入狱之初，新德里和布拉迪之间一直保持着通信，但在第五个年头，新德里写信告诉布拉迪，她要和布拉迪分手，因为她爱上了狱警。这名狱警名叫帕特丽夏，自从成为新德里的同性恋女友后，她的级别也被降低了，但帕特丽夏似乎并不在意，甚至还和新德里一起策划了一起越狱事件，幸运的是被另一名狱警及时发现，帕特丽夏也因此被判处了6年监禁。

这时，新德里得知一个名叫安东尼·安德森的杀人犯正在上诉，要求英国政府解除内政大臣决定杀人犯监禁年限的权力。英国议会决定就这一议题展开讨论，2002年5月讨论结果出来了，上议院规定内政大臣不得再否决假释委员会所提出的释放日期，也就是说内政大臣失去了决定杀人犯监禁年限的权力。这意味着新德里有获得提前释放的可能。之前监狱官员和假释委员会在评估报告里表示，新德里在服刑期间有所进步，已经对自己曾经犯下的罪行做了忏悔且不再具有危险性，这进一步增加了新德里获得自由的可能性。

在服刑期间，新德里通过自己的努力获得了英国公开大学的学位，重新开始信仰罗马天主教，她在15岁之前一直是天主教徒。新德里对自己的律师说，她是个悔过的罪人，却没有人愿意相信她是真心悔过，她不想在监狱里继续待下去，她希望自己能以一个自由人的身份死去。

此时的新德里已经60岁了，健康方面出现了许多问题，并在11月份因旧病复发住进了西萨弗克郡医院。15 日，新德里在医院病逝，这让英国的内政部门松了一口气，如果新德里按照上议院的规定走出监狱，那势必激起公众的愤怒。

2002 年 11 月 20 日，监狱方终于找到了一家肯为新德里火化尸体的殡仪馆。自从她去世以后，当地有 20 多家殡仪馆公开拒绝为她火化。4 个月后，新德里的同性女友帕特丽夏想要将她的骨灰撒到塞德沃斯附近一处野外公园，消息一经传出立刻引起了当地的恐慌，后来新德里的骨灰被秘密处理掉。

在新德里去世的同时，布拉迪一直在进行绝食抗议。自从 1985 年被诊断出患有严重的精神病后，布拉迪就被转移到了一个守卫森严的精神病院里接受治疗。自 1999 年 9 月 30 日起，布拉迪就开始了绝食抗议，他的目的是想要寻死，在得知新德里因病逝世的消息后布拉迪说："我嫉妒新德里，她患上了致命的疾病，我却要一直抗争到死，我早已受够了这种生活，我什么都不想要，我的目的就是想死，从而获得解脱。"

但在这座精神病院里有一项规定，患者不能寻短见，自从院方发现布拉迪的绝食行为后就开始对他实施强制喂食，后来开始输液维持生命。直到 2017 年 5 月 16 日，已经 79 岁的布拉迪才因肺癌晚期和严重的肺气肿在精神病院里逝世，布拉迪因此成了英格兰和威尔士境内服刑时间最长的罪犯。

1938 年，布拉迪出生于一个贫困家庭，从小饱受贫困折磨，再加上被母亲抛弃，布拉迪从小极度缺乏安全感。布拉迪与父亲的关系十分疏远，这种父子关系在当时的社会中并不罕见。

青少年时期，布拉迪开始参与犯罪并屡次被捕，从那时起布拉迪就开始仇视社会，他的心里埋下了仇恨的种子，一直都觉得司法不公、社会残酷。也就是从那时起，布拉迪开始出现精神分裂的征兆，每天都被恐怖的幻觉所折磨。

由于总是犯罪被捕，法官考虑到布拉迪还很年轻，不应该继续在一个缺乏管束的环境中长大，于是就将他判给母亲管教。他的母亲自从抛弃了他之后，又结婚了，布拉迪因此得和继父一起生活，也跟随继父改姓布拉迪。

后来，布拉迪开始酗酒并渐渐迷上了性变态的文学作品和纳粹主义的书籍，他觉得自己找到了人生信仰，从那以后布拉迪便开始了死亡和杀人的幻想。

色情文学作品的存在一直饱受争议，一些人觉得色情文学可以使人平息欲望，让一种变态的欲望得到合理的发泄；另一些人却认为色情文学会激发人性深处邪恶的欲望，有的人会对色情文学进行模仿，有调查数据显示，许多连环杀手都收藏着色情暴力文学作品，并在作案过程中对其进行模仿。

与布拉迪不同，新德里成长于曼彻斯特哥顿区一个普通的工薪家庭，由祖母艾伦抚养长大，艾伦十分疼爱新德里，新德里从祖母那里获得了许多关爱。哥顿区聚集了大量工薪家庭，大家的生活水平都差不多。新德里与父亲的关系十分疏远，但这在当时是很普遍的社会现象，许多孩子都与父亲很疏远。

后来，新德里进入一所现代中学读书。在她 15 岁时，她的一个好朋友米高在水库游泳时淹死了，米高死的时候只有 13 岁。这个意外事件给新德里造成了不小的打击，她在米高过世数月后患上了抑郁症，新德里一直觉得自己当天应该答应米高一起去游泳，因为她的游泳技术很好，如果她在场一定会救下米高，那么米高就不会死了。校方认为新德里的精神状态不适合继续待在学校里，于是就勒令她退学。

在遇到布拉迪之前，新德里和所有普通的女孩一样正常，有一些好朋友，很喜欢化妆和穿漂亮衣服，她还是个天主教徒，十分喜爱小动物。

1957 年，新德里辍学后在一家电子工程公司找到了一份初级技师的工作。两年后，新德里和一个当地男孩罗尼订婚，不过她很快单方面取消了婚约。

1961 年 1 月 16 日，新德里在一家化学公司找到了一份打字员的工作。在这里，新德里遇见了比自己大 4 岁的布拉迪，她一看到布拉迪，就立刻爱上了他。新德里觉得布拉迪虽然不爱笑，却是一个沉稳的男人。但布拉迪的态度却很冷淡，似乎对新德里一点儿好感也没有。

12 月 22 日，圣诞节快要来临之际，新德里所在公司举办了一个圣诞节派对。派对上，喝得醉醺醺的布拉迪主动提出邀请新德里去约会，新德里自然立刻答应了自己的心上人。

在布拉迪的带领下，新德里和他一起去电影院看了电影《纽伦堡大审判》。一个星期后，布拉迪开始安排新德里听纳粹的歌曲，并鼓励她阅读一些纳粹的书籍。自从新德里开始和布拉迪交往，她的生活就开始偏离正常轨道，只和布拉迪待在一起。

在经过一段时间的相处后，新德里发现布拉迪不仅是个双性恋，还是个丧心病狂的虐待狂。在新德里被捕后她在接受媒体采访时表示，当时她曾多次想要逃离，但都被布拉迪抓回来，遭到他的毒打。后来，新德里认命了，不再逃跑，并渐渐接受了布拉迪向她灌输的变态的人生哲学，她不再相信上帝的存在，不再去教堂参加活动，甚至开始迎合布拉迪的喜好。

起初，新德里会和布拉迪相互拍摄色情全裸图片，后来新德里开始按照布拉迪的要求参加一个枪支俱乐部，帮他购买手枪，因为布拉迪是个惯犯，早已被法院剥夺了购买枪支的许可证。

当布拉迪告诉新德里，他想抢银行，需要她的帮助时，新德里接受了，她开始去参加驾驶培训班，以帮助布拉迪在逃跑时开车。布拉迪还对新德里进行了射击训练，但新德里的枪法太烂，布拉迪只能放弃抢银行，他告诉新德里自己要成为一个最完美的连环杀手，而新德里是他最棒的搭档。之后，两人频繁出入图书馆，借阅一些犯罪、刑侦题材的书籍。

1963 年 7 月 12 日，布拉迪和新德里联手开始了首次作案，16 岁的鲍林·里德在去参加舞会的路上失踪。鲍林是新德里的邻居，她很信任新德里，在新德里提出要搭载她一程时，鲍林没有任何犹豫就上了车。这其实是布拉迪精心策划的死亡陷阱，而他就骑着一辆摩托车跟随在汽车后面。

新德里将车开到了郊外的沙德伍兹沼泽，这是布拉迪选择的作案场地，他觉得这里既方便杀人又能处理尸体，是绝佳的犯罪场所。新德里将车停好后对鲍林说，她的手套在这里弄丢了，如果鲍林能帮她找到手套，她会给鲍林一些唱片作为答谢。鲍林立刻同意了，跟着新德里下车来到了沼泽深处，她没有注意到后面尾随的布拉迪。

布拉迪在强奸鲍林后，就残忍地用刀割断了她的喉咙。被捕后的新德里曾提及这次谋杀："他（布拉迪）在杀死她后叫我看她的尸体，然后我看到了自己一生中最难忘的一幕，我立刻跑得远远的，站在那里看着渐渐变灰暗的天空。从那一夜起，我的灵魂、我的上帝就和她一起死了。"

后来，新德里和布拉迪一起处理了鲍林的尸体，他们之前还专门在汽车的后备厢里放了铁锹用来掩埋尸体。这只是他们连环杀人的开始，从那以后新德里变得和布拉迪一样冷血，并渐渐开始从杀人中体会乐趣。

1963 年 11 月 23 日，12 岁的约翰·基尔布莱德遇到了布拉迪，布拉迪对他说只要跟他走，他就能给他一些雪利酒。布拉迪将约翰带到了沙德伍兹沼泽，对约翰实施性侵后勒死了他。

1964 年 6 月 16 日，12 岁的基思·班尼特在去往祖母家的途中被布拉迪强行掳到车上，带到沙德伍兹沼泽性侵并杀害，他的尸体也被掩埋在了这片沼泽地之中。

　　1964 年 12 月 26 日，布拉迪和新德里在参观一个展览时看到了 10 岁的莱斯丽・安妮・唐尼，他们将莱斯丽骗到了自己的住所。之后，莱斯丽的衣服被扒光，被迫拍下许多裸照。最后，布拉迪开始折磨和强奸莱斯丽，而新德里则在一旁录音。之后，莱斯丽被杀死了，第二天早晨她的尸体被布拉迪、新德里开车载到沙德伍兹沼泽掩埋。

　　这次的杀人对于布拉迪来说带着一些冒险的意味，因为把被害人带到公寓杀死会增加暴露的风险，但同时他也很满意这次谋杀，因为他延长了性虐待的快感。

　　1965 年 10 月 6 日，布拉迪为了向大卫证明自己的犯罪实力，就到曼彻斯特中央火车站诱骗了一个 17 岁的学徒工程师爱德华・埃文。最后布拉迪当着大卫的面用斧子砍死了爱德华，这也使得他和新德里的罪行最终暴露。

　　其实，自从大卫加入这个犯罪团伙后，新德里就开始嫉妒和不满，她不再对布拉迪唯命是从，两人之间的争吵也越来越多，布拉迪甚至产生了想要和新德里结束恋人关系的念头，但当警察找上门后，他们立刻团结起来。

## 【适应暴力的天赋】

　　布拉迪显然在这一系列杀人案件中占据主导地位，而新德里只是一个追随者。布拉迪能从虐待和杀人中感受到快乐和享受，还能获得性快感。对于新德里来说，她只要迎合了布拉迪的喜好就会觉得快乐，她自认是布拉迪最棒、最忠诚的搭档，并以此为荣。

　　在最初的作案中，布拉迪显得十分谨慎，他会在杀人前制订周密的计划，完善到每一个细节，甚至连处理尸体的细节都会进行考虑。新德里则扮演了一个十分重要的执行者的角色，因为女性一般被认为没有威胁性，警方也不会将儿童失踪与她联系在一起，因此新德里能轻易引诱被害人上车并不会引起怀疑。

布拉迪的成长环境决定了他不擅长人际交往，平日里总爱板着一张脸，看起来很难相处。但新德里却在与布拉迪成为情侣前有许多朋友，也就是说她有一定的人际交往经验和技能，从而帮助她轻易取得被害人的信任。

新德里对布拉迪的忠诚由于大卫的加入而动摇，她开始和布拉迪发生争吵，因为她觉得自己不再是布拉迪唯一的搭档，但当大卫报警后，新德里会立刻站在布拉迪一边，以十分坚定的态度维护布拉迪，将所有罪行都推到大卫身上，因为此时她自动恢复了布拉迪忠诚追随者的角色。

新德里在遇到布拉迪之前，是个完全正常的女孩，她是个天主教徒，还很喜欢小动物。因此许多人，包括审理案件的法官都认为新德里不像无可救药的布拉迪，如果她没有遇到布拉迪，很可能过着正常人的生活。

但新德里只是表面上看起来和正常人无异，实际上她的人格并不正常，这一点在她的自传里表现得十分明显。大卫虽然是警察局的常客，但他却拥有一个正常的人格，在看到布拉迪杀人后立刻决定离开这个犯罪团伙到警察局报案，这才是正常人做出的反应。

新德里在成为布拉迪的犯罪搭档前，就是一个性格坚毅的女孩，也可以说不会轻易动感情，比正常人显得冷血。在心理专家看来，像新德里这样的人格，能够很快适应暴力，因为此类人格的人具有强大的心理承受能力，这是一种特殊的天赋。

像新德里这样的人，她的人格中缺少一部分人类情感，不会因暴力而感到恐惧和痛苦，既会成为一个冷血的连环杀手，也会成为一名无所畏惧的优秀士兵，特别适合一些特殊的职业，例如特种兵、狙击手、特工、刺客。因为这些职业需要一个人无情，在杀人的时候不会恐惧和痛苦，过后也不会被内疚感所折磨。

对于拥有正常情感的人来说，像特种兵、刺客这样的职业根本就不合适，即使经过了十分严格的专业训练，最后也只能是个三流的特种兵或刺客，因为他的正常情感不允许他毫无波澜地杀人。但对于新德里这样的人来说，她能很快适应暴力，并成功地完成杀人的任务，在扣动扳机，甚至是盯着一个人的双眼将他杀死时都会保持绝对的冷静。像新德里这样的人在社会中存在一定的比例，是独特的少数，可能会给社会带来威胁，也可能会成为一名优秀的战士。

布拉迪的最后一次杀人是在喝醉后进行的，而且他杀死爱德华后并未马上处理尸体。这与布拉迪之前谨慎的作案风格明显不同，他的行为好像失控了。

犯罪心理专家认为，布拉迪这种失控的杀人行为在连环杀手中十分常见，许多像布拉迪一样谨慎、狡猾的连环杀手，在初次作案时都十分小心、谨慎，避免被警察盯上。但随着作案次数的增加，连环杀手会因为成功杀人而变得自信甚至自大起来，会产生一种错误的自我认识，觉得自己完全掌控了局面，警察就是一群废物，于是他开始渐渐迷失自我，在做决定的时候不会小心翼翼地考虑风险。

# Criminal Psychology

凶手与警察擦肩而过——

**黄道十二宫杀手**

　　1968 年 12 月 20 日，美国加州贝尼西的巡警接到一名路人的报警，他在一条昏暗的路边发现了一对男女躺在地上，旁边是一辆满是弹孔的汽车。案发地点是当地有名的赫曼湖路情人小径，许多情侣都喜欢在这条小径上约会。

　　巡警赶到后立刻对受伤的两人进行了查看，其中女子早已没了生命迹象，背部有数处弹孔，男子的头部虽然中弹，但还有呼吸，巡警立刻将他送往医院，途中男子渐渐失去了呼吸。

　　后经警方确认，被害人分别是 16 岁的贝蒂·诺·詹森和 17 岁的大卫·亚瑟·法戴尔，两人都是学生，因互有好感便来情人小径进行第一次约会。而那辆满是弹孔的汽车的主人是大卫的母亲，他开车载着贝蒂来到赫曼湖路后不久，就有一辆车停在了旁边，车上走下一名持枪男子，在他的威胁下，两人只能下车。一下车，男子就给了大卫头部一枪，贝蒂吓坏了，一边尖叫着一边逃跑，男子朝着她的后背开了数枪后，贝蒂当场死亡。

　　1969 年 7 月 4 日深夜，警方接到一个神秘的报警电话，电话是从付费电话亭打来的，他说要报告一起双重谋杀案，赫尔曼湖路附近的球场发生了枪杀案，死者是一男一女，而他则是凶手，而且他还说之前赫尔曼湖路情人小径枪杀案的凶手也是他。警方立刻联系医院赶往案发现场对两名死者进行抢救，男子经过抢救活了下来，女子却死了。

　　幸存男子名叫迈克·瑞诺特·马修，是个 19 岁的年轻人。被害女子名叫达琳·伊丽莎白·菲林，在一家餐馆当服务员。案发当晚，达琳邀请迈克一起去购买开派对使用的烟花，迈克对漂亮的达琳颇有好感，立刻答应了她。

当达琳将车停在高尔夫球场时，一辆车立刻停在了他们旁边，车主又迅速地开走了。十分钟后，这辆车又开了回来，并停在了达琳汽车的后面。车上走下一名男子，他手里拿着一个手电筒和一把手枪，男子朝着迈克的副驾驶方向走去。当时迈克以为男子是个警察，就交代达琳将证件准备好。

就在此时，男子用手电筒照了照两人的脸部，趁着两人因强光照射短暂失明的空当，他对着两人开了好几枪。其中达琳的双臂、肺部和左心室都被击中，迈克的面部、左腿、右臂和颈部被击中，击中他面部的子弹，先是射进了他的左脸颊，然后又从左脸穿出，在他的下颚骨和舌头上留下了一个弹孔。迈克没有被击中要害，因剧烈的痛苦不断呻吟，男子似乎听到了迈克的呻吟声，就回去补射了几枪，然后开车离开。

1969 年 8 月 1 日，《旧金山纪事报》《旧金山观察报》和《瓦列霍先驱报》等重要报纸各自收到了一封自称"黄道十二宫杀手"的来信。这些信件的内容大致相同，信中凶手以黄道十二宫杀手自称，他声称自己得为两起枪击案负责，为了证明自己就是凶手，他还提到了一些案发现场的细节。除了这些外，剩下的内容全部由密码式的字符组成。最后黄道十二宫杀手威胁报社将自己的信件内容刊登在每份报纸的头版头条，否则他会大开杀戒。

报社将信件交给了警方，警方随后找到了一名业余密码研究者唐纳德，让他试着破译密码信。唐纳德的破译内容如下："对我来说，杀人是一种非常有趣的游戏，比在森林里猎杀野生动物有趣多了，因为人类是所有动物中最有威胁的。杀戮能带给我意想不到的巨大快感，比我在一个女人身上发泄性欲更兴奋、更痛快。我死之后，我会在天堂重获新生，那时被我杀死的人就会成为我的奴隶，你们永远也不可能抓住我，否则你们就会阻止我收集死后的奴隶。"

1969年9月27日，旧金山贝利桑湖附近公路的巡警在巡逻时发现了浑身是血的一男一女，他们身上的刀伤看起来很严重，需要急救。但附近没有医院，两个多小时后两名伤者才被送往医院，其中女子在途中陷入了昏迷，再也没有醒来。

死去的女子名叫西西莉亚·安·雪柏，幸存男子名叫布莱恩·凯尔文·哈特奈尔，两人是一对大学校园情侣，9月27日这天是周六，两人在校园里闲逛了一会儿后就商量着在午饭后去旧金山的贝利桑湖游玩。

下午4点多，布莱恩和西西莉亚驾车来到贝利桑湖，并在附近找了一块适合野炊的地方安定下来。这时，一名头戴蒙面头罩、墨镜的男子出现了，他拿着一把枪威胁布莱恩和西西莉亚。他自称是蒙大拿监狱的逃犯，他说监狱里的狱警总找自己的麻烦，想要他承认一些谋杀案，他实在忍无可忍，就杀了一个狱警，偷走了一辆车来到了贝利桑湖。蒙面男子还说，他只需要一些钱和一辆车，然后逃到墨西哥去。

蒙面男子的这番话立刻让布莱恩和西西莉亚放松了警惕，认为他只是一个普通的抢劫犯，只要他们乖乖配合，人身安全就能得到保证。于是布莱恩和西西莉亚开始讨好蒙面男子，小心翼翼地回答问题，当男子下令让西西莉亚用绳子绑住布莱恩时，西西莉亚立刻照做了。

西西莉亚在捆绑布莱恩的手脚时故意打了几个容易挣脱的活结，但她的小动作没有瞒过蒙面男子，男子将西西莉亚捆绑住后，就紧了紧布莱恩手脚上的绳子。一会儿，男子突然以非常诡异的口吻对他们说："现在，我想用刀捅你们。"说完，男子立刻拿出一把剪刀向西西莉亚和布莱恩捅去，布莱恩身中6刀，西西莉亚身中24刀。之后，蒙面男子将钱和车钥匙扔到他们面前后往停车道走去，他没有马上离开，而是用一支黑色软笔在布莱恩的汽车上画下了一个交叉循环的标志，并留下了一些文字和数字。

布莱恩和西西莉亚虽然身受重伤，但却意识清醒，他们开始自救。布莱恩先用牙齿咬开了西西莉亚双手上的绳子，然后西西莉亚解开了布莱恩双手、双脚上的绳子，两人来到公路上后遇到了一名巡警。

案发的当天晚上，纳巴县警察局接到一个匿名报警电话，报警者说他就是凶手，他还提供了案发地以及留在布莱恩汽车上的符号。说完，报警者就挂断了电话。警方根据电话追踪到了一处电话亭，这里距离警察局只有几个街区，距离案发现场也只有27英里。随后警方从电话听筒上提取了一枚指纹，但与任何嫌疑人都不匹配。

1969年10月11日晚上，旧金山市区的警方接到报案，3个孩子亲眼看到一名男子在樱桃街枪杀了一名出租车司机，然后朝着普瑞斯蒂奥区北边的一个街区走去。警察丹福克和艾瑞克泽姆接到无线电紧急调遣后立刻赶到了樱桃街。

途中，丹福克遇到一名可疑的白人男子，男子正沿着一条人行道向北边走去。当时丹福克并未怀疑他，因为他接到的调遣命令说嫌疑人是一名黑人男子。等丹福克从3名目击者那里得知嫌疑人是个白人男子时，立刻想起了那名与他擦肩而过的男子，当他去找的时候，男子早已消失了。

被害人是出租车司机保罗·李·史坦恩，头部有一处致命枪伤。根据案发现场和3名目击者的证词警方推断，凶手以乘客的身份乘坐出租车时，突然朝着保罗的头部开了一枪。随后，凶手开始清理案发现场，他撕下保罗衬衫的一角，用它仔细地擦拭了驾驶座的车门、门把手、车外的后视镜、左侧的乘客座车门以及仪表板的周围。

根据3名目击者的描述，警方的人像专家画出了犯罪嫌疑人的相貌，并刊登在报纸上。在之后的几年内，旧金山的警方总共调查了 2500 多个犯罪嫌疑人，但并未找到凶手。

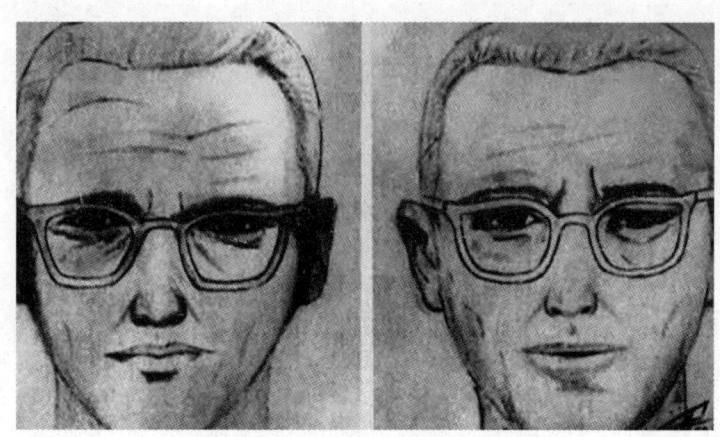

1969 年 10 月 14 日，《旧金山纪事报》收到了凶手的来信，他自称是黄道十二宫杀手，出租车司机保罗就是他杀死的，在信中凶手还狠狠地羞辱了警方，他说自己当时和一名警察擦肩而过，但当时警察却并未对他进行搜查。他还说，警察永远不可能将他抓捕，因为他聪明绝顶，警察只是一群无用的傻瓜。为了证明自己凶手的身份，寄信者还专门将保罗那被血染的衬衫一角装到了信封中。

11 月份，《旧金山纪事报》再次收到黄道十二宫杀手的来信。信中，黄道十二宫杀手威胁说要变成一个杀人机器，展开大规模的屠杀，他的首选目标就是校车，他只要将校车的前轮打瘪了，受惊的学生们就会从校车里出来，这样他就可以开枪——进行射杀。

警方在看到这封信后，立刻派警力对校车进行保护。为了尽快消除公众对黄道十二宫杀手的恐慌，政府还专门派代表公开发表声明，只要黄道十二宫杀手能主动自首，政府就能保障他的合法权益不会受损。

　　黄道十二宫杀手并未对校车展开袭击，而是给警方寄了一封信。在信中，黄道十二宫杀手再次公开羞辱警方，他觉得警方居然愚蠢到相信他会按照计划去袭击校车。他表示如果自己真的想制造大规模恐慌事件，完全可以去炸毁公共设施，例如将一包硝酸铵肥料、一加仑燃料油和几袋碎石子倒在地上点燃，那么任何过往车辆都会被炸毁。黄道十二宫杀手还提醒警察，不要去查硝酸铵肥料等物的制造商，因为想要购买这些物品简直太容易了，露天的集市上就有售卖的。

　　从此以后，黄道十二宫杀手就销声匿迹了，他不再作案，也没有给报社寄信。但黄道十二宫杀手并未完全离开人们的生活，开始有许多人冒充黄道十二宫杀手和警方联系，发生了许多闹剧。

　　作为一个公然羞辱警察的连环杀手，黄道十二宫杀手给公众留下了十分深刻的印象，也成了许多连环杀手的榜样和偶像，有的人会效仿黄道十二宫杀手作案。而警方和媒体则将黄道十二宫杀手当成衡量连环杀手的标杆，每当有相似的案件发生时，警方总会联想起黄道十二宫杀手，并将两者进行比较。

　　渐渐地，黄道十二宫系列杀人案搁置起来，旧金山的警方负责人约翰·亨尼西表示，警方每天要处理的案件太多，巨大的工作量使得警方只能暂时放弃对此案的调查，有效地利用资源处理紧急案件。

　　2008 年 9 月，在黄道十二宫杀手沉寂了 40 年后，美国联邦调查局接到了一名男子的电话，男子名叫丹尼斯·考夫曼，来自加州波洛克派恩斯市，他向 FBI 提供了一个黄道十二宫连环杀手的重要嫌疑人，即他的继父杰克·塔兰斯，塔兰斯在丹尼斯 5 岁时成了他的继父，已经在 2006 年去世。

　　塔兰斯去世后，丹尼斯发现了一个公共储物箱，里面是塔兰斯留下的遗物。丹尼斯打开箱子后发现了许多和黄道十二宫杀手有关的物品，例如许多死尸的照片、一把带血迹的匕首，还有和黄道十二宫杀手字迹十分相似的亲笔便条。看着这些遗物时，丹尼斯开始意识到他的继父极有可能就是黄道十二宫杀手，他表示："当我看到这些物品的时候，恐惧极了，我的心仿佛都停止了跳动！"丹尼斯还想起了十多年前去世的母亲，他母亲因不明原因的窒息而死。丹尼斯还回忆起当时母亲曾告诉他，杰克试图谋杀她，当时丹尼斯并未在意，现在回想起来终于明白了母亲当时是多么恐惧。丹尼斯坚信塔兰斯就是黄道十二宫杀手，而他的母亲则是一名被害人。

此外，塔兰斯还留下了许多关键证物，例如一盘录音带，他亲口承认自己就是黄道十二宫杀手。还有一条黑色头巾，上面有一个著名的"十二宫"符号，当年的一起谋杀案中，凶手就戴了一条这样的头巾。

2008 年 9 月 2 日，FBI 公开宣布对丹尼斯所提供的证物展开调查。之后FBI 宣布了 DNA 的检测结果——尚无定论。丹尼斯的说法一直备受质疑，他虽然将死尸的照片传到了自己的个人网站上，但网友发现这些照片看起来很模糊，无法当作有力的证据。后来丹尼斯的助手又公开表示，她在比对过塔兰斯和黄道十二宫杀手的笔迹后发现两者相匹配。不过这一结论遭到 FBI 的否定，FBI 针对笔迹检验得出的结论仍旧是尚无定论。

## 【游戏心态】

黄道十二宫系列杀人案有一个十分显著的特点，即凶手会主动报警并写信给报社，还会威胁报社将自己的信件刊登在头版头条上。对于凶手来说，杀人是一种游戏，他能从中获得支配、控制他人生命的满足感。而与警方周旋也是一种游戏，他能从中感觉到自己占据主导地位，警察则被动地在众多嫌疑人中寻找凶手。

犯罪心理专家认为，黄道十二宫杀手看起来和正常人无异，在社会中处于较为弱势的地位，因为现实生活中的不如意，让他总处于挫败感之中，无法获得满足感，更无法控制和支配他人，因此凶手才会开枪射杀无辜者，当他感觉自己掌握着一个人的生杀大权时，他会觉得自己处于优势地位。每当警方将他的杀人过程说得很容易时，他就会很愤怒，因为这样就无法体现他的优势。

每个人都需要一定的控制感和支配感，不然就会陷入抑郁之中。不过通过杀人来获得控制感和支配感，并非正常人所拥有的思维。黄道十二宫系列杀人案的突然停止与许多连环杀人案明显不同，因为其他的连环杀手通常只面临着两种下场：要么疯狂作案，露出破绽被警方逮捕，要么自杀。黄道十二宫杀手或许突然对杀人、与警方周旋失去了兴趣，然后就突然停止了杀人。反社会人格者有时会对某件事产生极大的热情，但这种热情也会突然没理由地消失。

# Criminal Psychology

拥挤在一个躯体内的 24 个人格——

## 威廉 · 斯坦利 · 米利根

1977 年 10 月，俄亥俄州立大学的校园内有 3 名女子被人绑架，随后她们被挟持到郊区强奸。警方很快就抓住了这个强奸犯，他名叫威廉·斯坦利·米利根，曾在 1975 年因持械抢劫被判入狱，在从俄亥俄州的监狱中出来后，米利根又犯下了强奸罪。警方在一名被害人的车上找到了米利根的指纹，而且一名被害人还在警察局当场指认出了米利根，于是检方以强奸罪等罪名起诉米利根。这是一起几乎毫无悬念的案件，人证、物证俱在。

在看守所里等待审判的米利根，在见他的辩护律师时出现了许多怪异、矛盾的言行。例如辩护律师在第一次见到米利根时，米利根表现得十分害怕，就像一个受到惊吓的孩子。但第二次见面时，米利根却像变了一个人似的，他表现得很狡猾，就像一个涉世颇深的老油条。

米利根的律师觉得他可能有精神问题，于是就向法官申请为米利根进行精神鉴定。初次的精神鉴定结果显示，米利根患有多重人格障碍。随后，米利根接受了进一步的精神鉴定，这次为他进行鉴定的是来自俄亥俄州哥伦布市西南健康中心的精神病专家多萝西·特纳。

多萝西经过 7 个月的观察和治疗后，得出了相同的诊断结果，即米利根患有多重人格障碍，而犯下强奸案的是米利根的一个女同性恋人格，她名叫阿达拉娜，19 岁，性格孤僻、内向，十分渴望女人的拥抱，她可以强制命令其他人格沉睡。这三起强奸案虽然都是阿达拉娜犯下的，但她却并不知道女人与女人发生性关系的行为也算强奸。米利根会出现多重人格障碍，是因为他在 8 岁到 14 岁时遭受了继父的性虐待和折磨。

1955 年 2 月，米利根出生于迈阿密，是家中的第二个儿子。米利根的母亲名叫多洛西，在俄亥俄州的一个农场里长大，在和米利根的父亲莫里森同居前，多洛西曾有过一段婚姻，但这段婚姻并没有维持多长时间，就以失败而告终了。多洛西离婚之后，就来到迈阿密，找到了一份以唱歌为生的工作。不久之后，多洛西认识了犹太喜剧演员莫里森，在与其同居后为他生下了 3 个孩子，米利根还有一个妹妹名叫凯西。

莫里森不仅是个已婚男子，还有赌博和酗酒的恶习。1959 年 11 月 17 日，莫里森自杀身亡，在此之前他曾出现过自杀行为。莫里森死后，多洛西带着 3 个孩子离开迈阿密，回到家乡俄亥俄州。不久之后，多洛西与前夫迪克复婚，但在一年后再次离婚。

1962 年，多洛西认识了一个名叫卡尔莫·米利根的男人，卡尔莫也离婚了，带着两个女儿独自生活。一年后，多洛西与卡尔莫结婚。从此，卡尔莫成了米利根的继父，他开始虐待米利根，甚至会强奸米利根。

据米利根的描述，他的母亲和其他孩子均遭到了卡尔莫的虐待。在米利根八九岁的时候，卡尔莫经常将他带到农场，然后强奸他。对于米利根来说，卡尔莫就是一个魔鬼般的存在，他只能默默忍受卡尔莫对他的虐待和折磨，还经常担心卡尔莫会杀死自己，因为卡尔莫曾威胁说，要将米利根活埋在农场里，然后对多洛西说米利根逃走了。

有一次，卡尔莫发现米利根捡到了一只小兔子，于是他哄骗米利根交出小兔子，然后卡尔莫当着米利根的面儿将小兔子活活杀死了，看着米利根恐惧尖叫起来的样子，卡尔莫在一旁大笑起来。

多萝西的这份鉴定报告在当时引起了轩然大波，许多人纷纷指责多萝西和米利根，认为多萝西被米利根给骗了，米利根想要以此逃脱法律的制裁。于是这起案件一直拖了两年才尘埃落定。

1979 年，在庭审中，米利根的辩护律师用这份诊断结果为米利根进行辩护，他认为米利根在实施犯罪时，其精神状态正处于无法控制自己的状态中，因此不具有刑事责任能力。最终米利根被判定无罪，但必须送到精神病院接受治疗。米利根也因此成为美国法律史上第一个犯下重罪却因精神异常而获判无罪的人。

10 月 4 日，米利根被强制送到利玛精神病院，这家医院有"人间地狱"之称，在之前的短短几年内，这家医院就出现了数十位自杀的病人，而且他们死后都没有经过尸检直接下葬了。一名护士在从医院离职后，向媒体爆料说，利玛精神病院里的许多患者都会受到虐待，有的患者会因不堪忍受虐待而选择自杀。

在利玛精神病院里，看守者会将所有的病人看作疯子，而他们则是高于疯子而存在的神，他们会随意虐待、殴打病人，甚至会勒索病人，如果病人每周不给他们 50 美元，那么就会挨打。而且这里的病人每天都会被安排服用大量的三氟拉嗪安定片，这种药物并没有治疗作用，主要的作用是让病人安静下来，然后如同行尸走肉般度日，这样便于看守者进行管理。但对于病人们来说，服用三氟拉嗪安定片却很痛苦，有的病人为了不再被药物所控制而自杀。

米利根在医院里与盖柏、理查德和斯蒂尔的关系最好，他们相互帮助、彼此安慰，就像家人一样，这3个人在和米利根接触了一段时间后也渐渐习惯了他的人格切换。

一天，医生米基告诉米利根和理查德，他们即将要去参加听证会，他会在听证会上作证，说他们不会对社会产生威胁。这意味着，米利根和理查德极有可能会被释放，离开利玛精神病院。当盖柏和斯蒂尔知道这个消息后，也十分高兴，尤其是斯蒂尔，他与理查德的关系最为友好，他一直把理查德当成自己的弟弟去照顾和保护。

"亚伦"是米利根的一个人格，心理年龄18岁，他十分擅长与人交往，而且为人狡猾，擅长欺骗和操纵他人。"亚伦"提出喝酒庆祝，他说自己曾学过酿酒的技巧，只要能收集到面包、葡萄汁和医疗密封袋，他就能酿出酒。大家觉得"亚伦"的这个主意不错，于是就在接下来的几天内收集好了酿酒用的东西，最终"亚伦"酿成了一些劣质的酒。晚餐过后，"亚伦"将护士骗走后，理查德等人开始喝酒，他们喝得很高兴，有两个人还喝醉了。

听证会的当天早上，出现了意外，一名看守者注意到墙上涂抹着字迹，那都是病人写下的骂看守者的话，愤怒不已的看守者就将所有病人都召集起来进行审问。理查德着急去参加听证会，就提出想要提前离开，没想到却因此激怒看守者，看守者开始殴打理查德。斯蒂尔看到后，上前阻止。看守者不仅没停手，反而羞辱斯蒂尔，暴怒中的斯蒂尔立刻拿出一个之前私藏起来的剃刀片袭击了看守者，看守者的手腕、脸部、喉咙和胸口都被割伤。

这时，米利根的"亚伦"人格退去，"里根"人格开始成为主导人格。

"里根"通常会在危机情况下出现，有暴力倾向，十分擅长使用武器，会空手道。"里根"用敏捷的身手阻止了斯蒂尔，避免斯蒂尔犯下更大的错误，随后他和盖柏一起迅速地将剃刀片藏了起来。

一时间，看守者们开始搜查所有病人的房间，想要找出剃刀片，有许多病人的私人物品因此被损毁。斯蒂尔则遭到了看守者的疯狂报复，他被殴打得浑身是伤。由于袭击看守者，他即将被送到监狱服刑。

听证会上，医生米基改口了，他说理查德和米利根表现出明显的反社会倾向，会对社会造成威胁，不适合假释，应该继续留在利玛精神病院接受治疗。这对理查德来说是个致命的打击，再加上没有了斯蒂尔的支持，理查德万念俱灰，最终选择了上吊自杀。自杀失败后，理查德成了植物人，每天只能依靠医疗仪器维持生命。"亚伦"在禁闭期间，意外发现理查德变成了植物人。之后"里根"人格开始出现，愤怒不已的他拔掉了理查德维持生命的管子，理查德因此去世。

当院方发现米利根此举后，立刻决定对他实施电击。在利玛精神病院里，电击疗法通常会使用在屡教不改的病人身上，病人们都害怕被电击。米利根为了逃避电击，"汤姆"的人格开始占据主导地位。"汤姆"人格的心理年龄虽然只有16岁，却十分擅长逃脱术，具有反社会倾向。"汤姆"在挣脱了手铐的束缚后很快被发现，他被强制接受了电击。

这次的电击给米利根带来了巨大的挫伤，他在戒备森严的9号病房里昏昏欲睡，大部分人格都不愿意再做主导人格。这时，"老师"的人格出现了。"老师"这个人格是米利根所有人格的融合体，拥有米利根的所有记忆，他一直都觉得自己是所有人格的主导，而其他人格不过是傀儡，而且他还负责向其他人格传授知识。"老师"人格决定不再消沉下去，为了能走出9号房间，到管理宽松的6号房间，"老师"人格开始表现得亲切、听话，变得不再具有威胁性。院方发现米利根不再有暴力倾向后，就将他转到了6号房间。

到了6号房间后，"老师"就开始想尽办法搜集利玛精神病院的违法行为，例如用病友的录音机录下医疗小组开会的内容，并以给病人过量服用药物为由威胁院方，让院方给他探视权和隐私权。从那以后，米利根就不再被看守者欺负，只要看守者看到米利根，就会变得收敛起来，他们担心自己的行为会被米利根曝光。

渐渐地，病人坎贝尔和扎克开始注意到米利根，并和他成了朋友。后来，米利根和坎贝尔、扎克合谋将一个荒废的治疗室改成了生产间，让病人们在生产间做一些手工活，例如制作钟表、皮革制品等，然后他们想办法将这些产品卖出去。病人们虽然因此增加了收入，但却引起了一些看守者的嫉妒，看守者对病人的虐待更加疯狂，有的看守者甚至还会破坏生产间，例如切断电源。

1980年9月8日，利玛精神病院传来消息，医院即将被移交给俄亥俄州劳改局改为监狱，所有的病人都会根据各自的病情被送到其他医院里。在此之前，米利根、坎贝尔和扎克还召集所有的病人准备反抗看守者的暴行，当他们听到医院关闭的消息后，就决定放弃反抗。坎贝尔决定离开前损毁电击车，于是就利用自己所掌握的技术将所有电都导入电击车上，电击车因此被损毁。

米利根被送到了戴顿司法中心医院，在这里虽然不会遭受虐待，但医院所提供的食物却很糟糕，为此米利根的"亚伦"人格开始召集其他的病人绝食抗议，他还写信给媒体，揭发医院里糟糕的食物。在米利根的努力下，病人的伙食终于得到改善。

后来米利根发现院方没有按照规定给病人实施应有的治疗项目，于是他再次提出抗议，要求院方安排宠物疗法。之后，看守者给了米利根一条金鱼，满足了米利根宠物疗法的要求。当病人们受够了看守者的恶劣态度后，纷纷开始抗议，还差点发生暴动。

看守者为了防止暴动的出现立刻下令，所有病人的房间都得上锁，而且在自由活动期间只能待在活动室内。米利根立刻号召所有病人抗议，因为按照规定所有病人都有随意进出自己房间的自由。3 天后，院方只能解除房间上锁的命令。

之后，米利根因投诉安全部门虐待病人而遭到该部门主管的殴打，由于伤势严重米利根只能坐在轮椅上。这时，"阿瑟"这个精通物理、化学、医学的人格开始占据主导，他对所面临的遭遇灰心不已，于是用自己所掌握的生化知识服毒自杀，幸运的是他被救了，随后被转送到俄亥俄州中部地区精神病院。

在这里，米利根认识了一名病人的妹妹坦达·巴特利，米利根的 3 个人格对坦达倾慕不已，于是对坦达展开了追求。1981 年 12 月 22 日，米利根和坦达在医院里举行了婚礼。7 个星期后，坦达离开了米利根，还带走了米利根的画，用米利根的画卖钱买车。米利根的人格中有喜欢画画的，他平时就很喜欢画画。在之后的逃亡途中，米利根一直靠卖画为生。

1986 年 7 月 3 日，米利根被院方送到监护室，接受阿米妥钠强制脱瘾，这意味着米利根即将面临精神错乱甚至是死亡的危险，

他觉得自己不能再继续待在这里，于是开始策划逃跑行动。米利根利用上厕所的机会，成功逃走。

获得自由后，米利根录了一段录像，他对着镜头说出了自己逃出医院的原因，他担心自己如果继续待在医院里，院方会刻意制造意外弄死他，他离开医院只是为了自保。随后米利根将这段录像寄给了电视台。

米利根的逃亡在当时引起了很大的轰动，甚至联邦调查局也加入了搜捕的行动中。5个月后，米利根被联邦调查局抓住，这次他被送到了莫里茨司法中心医院。院方在了解了米利根的种种经历后认为他是个不安分的病人，于是准备用药物来控制米利根。米利根知道药物会使自己变得麻木、听话，为了避免被药物摧残，他开始绝食抗议。院方为了息事宁人，就放弃了为米利根注射药物，甚至还为他提供了一台电脑。

米利根开始专心研究起电脑来，他渐渐掌握了一些电脑技术，甚至还成功入侵心理健康局的电脑系统，他还在屏幕上做了一个闪动图标，上面写着"米利根到此一游"。当心理健康局的工作人员打开电脑登录时就会发现这行字，于是米利根的电脑被没收了，米利根的"老师"人格被惹恼了，他提出抗议，并威胁说自己掌握着医院犯罪的证据。

1991年8月1日，米利根获得了释放。之后，米利根和为他写传记的作家一起去了少年时所生活的农场，就是在那里他遭受了继父的虐待。1996年，米利根发表声明，自己正居住在加利福尼亚州，依旧被多重人格障碍所困扰，他还有一家小制片公司，希望能将自己的经历拍摄成电影。米利根还表示，希望电影所赚的钱可以帮助曾遭受过虐待的孩子，希望他们不要像自己一样被多重人格障碍所折磨。2014年12月，米利根因癌症去世。

## 【多重人格障碍】

多重人格障碍属于人格障碍的一种，具体是指一个人的躯体内有两个或两个以上的人格，例如米利根就有 24 个人格。多重人格障碍的患者所分裂出的人格没有性别、物种之分，米利根的人格中就存在女性人格，例如阿达拉娜这个人格，就是个女同性恋，3 起强奸案就是她所犯下的。有的多重人格障碍的患者甚至会分裂出某种动物人格。

不论多重人格障碍的患者会分裂出多少种人格，这些人格都会被分为核心人格和非核心人格两类。核心人格是患者本来就有的，米利根的人格中有个"老师"，他虽然自称是最完整的米利根，掌握着他的所有记忆，而其他的人格都是傀儡，但他并不是核心人格，核心人格是米利根，26 岁，高中时被勒令退学。其他的 23 个人格则是米利根为了适应环境所分裂出来的，例如每当遇到危险时，"里根"人格就会占据主导地位，他擅长使用武器和空手道。

多重人格障碍的患者一般曾遭受过虐待，尤其是性虐待。继父卡尔莫会对妻子和孩子进行肉体虐待，每当米利根看到母亲被卡尔莫殴打时，就会因母亲的恐惧和痛苦而焦虑不已，于是他的心理状态一直处于不稳定的虚幻之中。再加上，卡尔莫会将米利根带到农场实施强奸，这种性虐待导致米利根的人格开始不断分裂。多重人格障碍虽然是一种精神疾病，却会对患者起到保护的作用，是一种适应环境的表现。例如每当米利根处于危险时，"里根"人格就会占据主导地位，当米利根的处境不那么危险时，没有暴力倾向的人格就会出现。

除了虐待这种人为刻意制造的伤害外，一些不可抗力，如自然灾害或战争也会引发多重人格障碍的出现。因为多重人格障碍出现的一个前提是，患者遭受了严重的精神创伤。

　　当然并不是所有经历精神创伤的人都会出现多重人格障碍，只有那些容易受到心理暗示的人才会在经历严重创伤的时候，引发多重人格障碍。而那些不易受到心理暗示的人则比较容易出现创伤后应激障碍。也有一些人具有强大的心理免疫力，即使经受了严重的精神创伤，也依旧可以保持正常的心理状态。米利根在遭受继父的虐待前，就已经面临着巨大的精神压力，因为他的生父莫里森因自杀去世了，他失去了父亲的关爱，这使得他的精神状态一直处于极大的压力之下，这时继父卡尔莫的虐待加剧了他的精神创伤，于是他的人格开始分裂。

　　多重人格障碍的患者不仅会从人格上进行分裂，他的大脑也会出现相应的分裂现象。例如不同人格拥有不同的记忆和情绪，每当其中一个人格占据主导地位时，这个人格只拥有患者的一部分记忆，而大脑中负责控制记忆的海马体的活跃部位会出现不同。

# Criminal Psychology

完全抵制住警方的审讯——

**安古斯·罗伯逊·辛克莱尔**

  1978 年起，苏格兰格拉斯哥地区相继发生了一系列袭击事件，被害人都是儿童，要么被攻击、诱拐，要么遭受强奸。有两名女孩在遭受不幸后向警方描述了所经历的一切。她们被一名男子引诱到一间公寓内，男子请她们帮忙带一些钱到他所居住的公寓。等女孩一进门，男子就会掏出刀子，将刀子架在她们的脖子上，威胁她要乖乖听话。据两名女孩回忆，这名男子的头发上有一些油漆污点。

  在接下来的 4 年内，格拉斯哥地区至少有 10 名儿童遭受了袭击，这些受害儿童的内心都留下了十分严重的精神创伤。1982 年，警方终于抓住了这名嫌疑男子，他名叫安古斯·罗伯逊·辛克莱尔，是名油漆工。辛克莱尔在警察局案底重重，曾因杀害一名 7 岁女孩被判入狱 10 年。

  1961 年，辛克莱尔只有 16 岁，他是当地出了名的少年犯，屡次因盗窃等罪名被警方逮捕，警察们对他都很熟悉。

  凯特琳·里赫是一名只有 7 岁的小女孩，就居住在辛克莱尔住所附近的街区。一天，辛克莱尔让凯特琳帮自己一个小忙，跑腿到其他地方办事，然后回到他所居住的公寓领取报酬。当时辛克莱尔与母亲居住在一起，母亲正好有事外出了。

  当凯特琳办好事，敲开辛克莱尔公寓的房门时，辛克莱尔立刻将她制服。就在此时，敲门声响起了，有人来了。辛克莱尔没有丝毫慌张，他将凯特琳绑好，并堵住她的嘴巴，然后若无其事地打开了房门。

  来访者是辛克莱尔母亲的朋友，辛克莱尔没有让他进门，只是很冷静地对他说，母亲没有在家，等母亲回来后再来。之后来访者就离开了，凯特琳最后的希望也破灭了，辛克莱尔将门关好后，就开始施暴。

辛克莱尔在将凯特琳强奸后，就随手拿起自行车内胎将她勒死。在辛克莱尔之后所犯下的一系列连环命案中，都使用了类似的手法。首先是将被害人引诱到他自认为可以下手的地方，然后将被害人绑住、堵住嘴巴并实施强奸，最后用手头任何可以勒死被害人的工具，将人杀死。在凯特琳断气后，辛克莱尔就将凯特琳的尸体从楼上扔了下去。

不久之后，当地警方接到了辛克莱尔的报警电话，他告诉警方，他在公寓的楼梯上看到了一具小女孩的尸体。尸检报告显示，凯特琳并非从高处摔下而亡，她是被人勒死的。警方就开始怀疑起辛克莱尔这个报案者来，认为他的嫌疑最大。

在审讯期间，辛克莱尔一口咬定，他绝对不是凶手，凯特琳不是他杀死的。尽管辛克莱尔当时只有 16 岁，但却顶住了警方的质疑和压力，整个审讯过程中他表现得十分冷静沉着，甚至是麻木，好像凯特琳的死只是一件很普通的事情。

审讯的警察为了突破辛克莱尔的心理防线，试图在他所编造的故事中寻找漏洞，但辛克莱尔依旧毫不动摇，一直在回避警察的质问。最后警方只能找来他的哥哥约翰，希望约翰能帮忙说服辛克莱尔，让他主动认罪。

辛克莱尔在 1945 年出生于格拉斯哥，是家中 3 个兄妹中年龄最小的一个。在辛克莱尔很小的时候，他的父亲就离家出走，他们兄妹 3 个从那以后就与母亲生活在一起。约翰身为年龄最大的孩子，而且还是个男孩，很早就帮助母亲承担起家庭的责任，对于辛克莱尔来说，约翰就相当于父亲的角色，是唯一一个对辛克莱尔有着管制力的人。

辛克莱尔从小就表现出了难于管教的特点，在约翰看来，辛克莱尔就是一个天生的坏小子，他无比冷漠，没有任何感情，还很狡猾，不会露出任何蛛丝马迹，在犯错或犯罪时，从不肯承认。在此之前，辛克莱尔就因偷窃天主教教堂的捐款而被捕。约翰早已放弃了对辛克莱尔的管教，并让自己的孩子们远离辛克莱尔这个十足的坏孩子。不过约翰对警方表示，他一定会尽量配合警方的工作。

约翰走进审讯室后，就试图让辛克莱尔承认罪行，他希望看到辛克莱尔的情绪崩溃，甚至是希望看到辛克莱尔忍不住哭泣。但辛克莱尔还是很冷静，他抵制住了所有劝他坦白的尝试。不过在约翰的努力下，辛克莱尔终于还是承认杀死凯特琳的人就是他。

之后，辛克莱尔接受了精神鉴定。精神病医生在鉴定报告中表示，辛克莱尔具有反社会型人格，会对社会造成严重威胁，而且几乎不具备治愈的可能，对辛克莱尔这个情感冷漠麻木的人，心理医生什么也做不了。

由于当时辛克莱尔的年龄只有 16 岁，在法律上还是未成年，因此判决结果受到了他年龄的影响，他只被判了 10 年。

1976 年，在辛克莱尔被判入狱的第 6 个年头，辛克莱尔获得释放。自由后，辛克莱尔用自己在监狱里学习的技能，找到了一份油漆工的工作。在服刑期间，监狱方为了让辛克莱尔恢复心理健康，就尝试着安排辛克莱尔学习一些技能，在出狱后辛克莱尔就可以利用在监狱里学到的绘画技能去从事经营画作或装饰行业的工作。辛克莱尔在监狱里学到的技能果然派上了用场，他成了一名油漆工。后来，辛克莱尔就与一个名叫萨拉·哈密尔顿的护士结婚，婚后两人有了一个孩子。此时的辛克莱尔过上了正常人的生活，有一份稳定的工作，还有妻子和孩子。

在 1970 年到 1977 年期间，辛克莱尔并未出现任何犯罪记录，他完全适应了社会生活，已经改过自新，工作记录良好，在周围人看来他是个品貌兼优的人。直到 1982 年，辛克莱尔因强奸、袭击儿童被捕。最终，辛克莱尔因 3 起强奸案和 7 起恶性袭击案被判处终身监禁。

在服刑期间，辛克莱尔和所有的犯人一起自愿上交自己的 DNA，以支持构建英国国家 DNA 数据库的项目。在将辛克莱尔的 DNA 输入数据库中后，警方发现辛克莱尔就是杀死 17 岁的玛丽·加拉赫的凶手，他的 DNA 与玛丽尸体上发现的头发的 DNA 完全一致。

玛丽在 1978 年的 11 月被人杀害，目击者曾看到玛丽和一名男子从酒吧离开。之后玛丽就失踪了，后来她的尸体被人在荒野中发现，她的喉咙被凶手割开了。警方很快开始审问辛克莱尔，面对警方所提供的 DNA 证据，辛克莱尔有些慌乱，但还是拒绝承认他就是杀死玛丽的凶手，他对警方说，这项证据只能说明他曾与玛丽接触过，在那天晚上，他和玛丽发生了性关系，但他并不是凶手。

除了玛丽被害案外，警方还怀疑辛克莱尔是一系列女性强奸被害案的凶手。在辛克莱尔获得释放的几年内，格拉斯哥和爱丁堡地区相继发生了一系列命案，这些命案有许多相似之处，例如被害人的尸体赤裸着、被捆绑住、嘴巴被堵着，而且都是在遭受了强奸后被凶手勒死。

警方将被害人克里斯汀·伊迪尸体旁的大衣上的污迹送去进行了检验。检验结果显示，污迹正是辛克莱尔留下的。在接下来的审讯中，辛克莱尔拒不承认他就是杀害克里斯汀的凶手，还将一切责任都推到妻子的兄弟戈登·哈密尔顿的身上，此时的戈登早已去世。

在辛克莱尔与萨拉结婚后，就认识了戈登，两人很快成为好朋友，经常一起去酒吧喝酒。在 10 月一个寒冷的夜晚，辛克莱尔和戈登一起开车到距离格拉斯哥 1 小时车程的爱丁堡酒吧喝酒。

当晚，海伦·安·斯科特和克里斯汀正好在世界尽头酒吧里参加一个派对。海伦和克里斯汀都很年轻、单纯，尤其是海伦，她是个安静、内向的女孩，刚离开学校不久，希望能成为一名儿科护士。

当辛克莱尔和戈登盯上这两个年轻女孩后，就将她们骗到了数公里外的荒野，将两人的衣服脱光，并绑住她们、将她们的嘴巴堵住，之后两个女孩遭受了强奸，最后被勒死。后来，有人发现了海伦和克里斯汀的尸体，就报了警。

在之后 6 个月内，警方展开了大量的排查工作，一共排查了 500 个嫌疑人。在当时，DNA 技术还没有应用到侦查工作中，也没有基因档案监控，所以警方的工作进行得十分缓慢而且无效。

警方从目击者那里了解到，在海伦和克里斯汀遇害的当晚，有名男子和她们一起离开。尽管目击者描述了那名男子的长相，但并未起到作用。当时辛克莱尔也接受了调查，但警方很快排除了他的嫌疑。虽然辛克莱尔曾杀死过一名 7 岁的女孩，他杀死凯特琳的手法与杀死海伦、克里斯汀的十分相似，但警方认为辛克莱尔没有杀人动机，因为他居住在格拉斯哥，有稳定的工作，还有家室，即使曾经是个杀人犯，但很明显他已经改好了。

1977 年 6 月，辛克莱尔所居住的街道上一名 37 岁女子被人杀害，她名叫弗兰西斯·巴克，在被人诱拐并绑住手脚后遭受了强奸，最后被凶手用她衣服上的带子给勒死。

警方在调查的时候，拘捕了一名卡车司机托马斯·罗斯·杨，因为警方在托马斯卡车的驾驶室内发现了几缕弗兰西斯的头发。在审讯中，托马斯告诉警方，他一直饱受暂时性失忆的困扰。警方怀疑托马斯忘记了杀死弗兰西斯的过程。最终托马斯被判处终身监禁，尽管他从未承认过自己就是凶手。在之后的37年中，托马斯一直在抗议，直到在监狱中去世。

显然，杀死弗兰西斯的凶手并非托马斯，而是辛克莱尔，他采用了自己一贯使用的犯罪手法，先引诱被害人，然后捆住她、堵住她的嘴巴，最后强奸被害人并勒死她。

7周后，20岁的安娜·肯尼失踪了。后来她的尸体被人找到，与之前的被害人一样，她在遭受强奸后，被凶手勒死，而安娜尸体的发现地距离辛克莱尔的住所十分接近。

1977年10月，希尔达·麦克奥利失踪了，失踪前曾有人在世界尽头酒吧看到过她。12月，一个名叫阿格妮丝·库妮的23岁护士失踪。玛丽应该是辛克莱尔杀死的最后一名女性。

尽管种种证据均显示，这一系列命案的凶手就是辛克莱尔，但他却始终不肯承认。虽然辛克莱尔已经年老，根本不可能走出监狱，但他似乎始终相信自己有可能获得假释，所以他一直不肯承认这些命案的凶手就是他，即使警方将证据摆在他的面前。此外，辛克莱尔在审讯中表现得很自恋，他自以为很聪明，可以控制所有人。

## 【需要终身监护】

辛克莱尔在因谋杀凯特琳被捕之后，精神病医师在对他进行了一番精神鉴定后得出一个结论：辛克莱尔不仅不会对心理治疗产生任何回应，还会对社会产生威胁。在服刑了6年后，辛克莱尔获得了假释，他之后所犯下的一系列强奸杀人案证实了精神病医师的结论。这是因为辛克莱尔拥有反社会人格。

反社会人格者从早年起就开始表现出情感异常，通常表现为冷漠、麻木、控制欲极强，等等。对于每个拥有正常情感的人来说，都会对周围人产生一种感知和回应，例如对父母的养育之恩充满感激。辛克莱尔显然不具备正常情感，不然他的哥哥约翰不会将他形容为一个没有感情的坏孩子。

不论是16岁的辛克莱尔，还是后来"改过自新"的辛克莱尔，都无法对他人的情感进行感知，更不会回报，尽管他结婚了，还有了孩子，但他根本不会去爱他们，因为他没有爱的能力，他只会从别人那里进行掠夺，以满足自己的需求。因此辛克莱尔会用暴力的手段对凯特琳进行强奸，并毫无愧疚地将她杀死。对于辛克莱尔来说，他对暴力的性行为十分痴迷，而且十分享受被害人的痛苦。辛克莱尔在杀死被害人的时候，通常都会随手拿起条状物将对方勒死。辛克莱尔应该十分享受这个过程，通过勒死的方式来真正掌控被害人，在勒死被害人的过程中，辛克莱尔极有可能会一直盯着对方的眼睛，直到对方呼出最后一口气。

反社会人格者无法通过行动感化，也无法接受说服教育，更无法接受心理治疗。因为所有的教化手段都需要一个前提，即接受教化的人具有正常的情感能力，能对他人的情感感知和进行回应，反社会人格者显然不具备这种能力，他们如同心理上的高位截瘫病人。对于高位截瘫病人来说，在日常生活中都需要别人的照看，离开了别人，他就无法存活下去。而对于反社会人格者来说，他不能拥有自由，终其一生都需要别人的监督和控制，需要终身监护。对于辛克莱尔来说，监狱里虽然没有自由，但他却可以在这种高度的监督和控制下表现良好，一旦他获得自由，不再被监督，那么他就会表现出危险的倾向，会给社会上的其他人带来严重的伤害。

心理治疗对于反社会人格者也是无效的。一个人会接受心理治疗，是因为他想要摆脱某种痛苦，但反社会人格者却从来不会觉得痛苦。当然有时反社会人格者也会主动表示他需要接受心理治疗，倒不是因为他觉得痛苦，或觉得自己有心理疾病，而是觉得精神病人的身份可以帮助他逃脱法律的制裁。

# Criminal Psychology

吓得小孩子不敢出门——

**韦恩·威廉姆斯**

1979 年 6 月，亚特兰大西南部的一个贫民区接连发生了两起儿童失踪案。最先失踪的是爱德华·史密斯，是个 14 岁的少年，4 天后同龄的阿尔弗雷德·埃文也失踪了。6 月 28 日，一名黑人妇女在一处树林里捡易拉罐的时候发现了两具少年的尸体，后经证实死者正是失踪的爱德华和阿尔弗雷德。

爱德华的尸体上身赤裸着，下身穿着一条长裤，背部有处致命的枪伤，爱德华显然是被人开枪打死的，凶器为一把口径为 22 毫米的手枪。另一名被害人阿尔弗雷德是窒息而死，法医没有在他的身上发现明显伤痕，他死前应该没有进行过激烈的挣扎，与爱德华一样，阿尔弗雷德被发现时，身上只穿着一条长裤。

警方在进行调查时，接到了一个匿名报警电话，对方说他曾看到阿尔弗雷德枪杀了爱德华，阿尔弗雷德则是被另一名男孩给勒死的。当时警方并未重视这两起案件，只推测两名被害人死于毒品交易，因为两人均有吸毒的历史。

这其实是亚特兰大系列儿童谋杀案的开始，爱德华和阿尔弗雷德都是被这名恐怖的连环杀手所害，该连环杀手由于作案频繁、手段残忍，在当地引起了巨大的恐慌，许多少年儿童都被吓得不敢出门，家人们也都十分担心孩子们的安全。

当时的亚特兰大正处于犯罪率不断增长的特殊时期，是美国最危险的城市之一。20 世纪 70 年代的亚特兰大成了美国重要的交通枢纽，经济飞速发展，黑人的数量也随之快速增长，超过了白人，但黑人所拥有的财富并未增加，这导致黑人们越来越贫困，对白人和社会充满了仇恨，直接导致了犯罪率激增。

1979年9月4日，14岁的少年米尔顿·哈维失踪。米尔顿失踪前一直和父母居住在贫民窟，父母为了让他接受更好的教育，在不久前带着他搬到了亚特兰大市西北部的中产阶级社区居住。

新的校园环境对米尔顿来说十分陌生，在遭到同学们的嘲笑和羞辱后，米尔顿一气之下跑出了学校，骑着自行车离开了。之后，米尔顿就失踪了，他的父母找遍了米尔顿能去的所有地方，都未发现他的踪迹，于是就报了案。

几个星期后，哈维夫妇接到警察局的电话，有人找到了米尔顿的自行车。直到米尔顿失踪两个月后，他的尸体才在距亚特兰大很远的地方被人在一个垃圾堆里发现。法医对米尔顿的尸体进行检查后并未发现明显伤痕，没有证据、没有目击者的案件，警方只能暂时将其搁置起来，当时警方也并未将米尔顿的死与之前两起儿童被害案联系起来。

1979年10月21日，9岁的尤瑟夫·贝尔失踪，失踪前他答应邻居去附近的商店帮着买东西。警方在调查时，一位附近的居民说他曾看到尤瑟夫上了一辆蓝色汽车，司机看起来是尤瑟夫母亲的前夫。警方立刻找到该男子，但调查一番后排除了他的嫌疑。

尤瑟夫的母亲为了尽快找到儿子的下落，向媒体求助，公开恳求绑架者能放过她的孩子。媒体的介入使得尤瑟夫失踪案得到了许多人的关注，但警方的调查工作依旧进行得十分缓慢。

11月8日，警方接到一个报警电话，有人在一所废弃小学里发现了一具儿童的尸体，尸体就藏在混凝土的缝隙之中。后经证实死者正是尤瑟夫，他的身上缠绕着胶带，死因是窒息，应该是被凶手用手掐死或用绳子勒死。此外尤瑟夫的脚上没有穿鞋子，但却很干净，凶手还清理了他的双脚。警方依旧没有将尤瑟夫被害案与之前的案件联系起来，这使得凶手更加大胆。

尤瑟夫的被害激起了黑人对政府、警方的不满，他们谴责政府和警方对黑人的种族歧视，丝毫不重视黑人社区发生的儿童暴力事件。为了平息众怒，当地政府不仅为尤瑟夫举办了一场隆重的葬礼，亚特兰大市的市长还出席了葬礼，市长在葬礼上承诺，政府一定会重视起黑人儿童的安全，会全力对发生的儿童暴力事件进行调查。尤瑟夫的母亲和黑人们都不相信市长的承诺，凶手也没有理睬市长的承诺，在沉寂了一段时间后很快再次作案。

1980年3月4日，就在人们以为凶手收手时，12岁的安琪拉·列尼尔在下午放学回家的路上失踪，她的母亲在女儿失踪后立刻报了警。

6天后，有人在一处树林中发现了安琪拉的尸体，她被凶手绑在树上，双手被电线捆绑着，脖子处有一根电线，嘴巴里还被塞了一条白色的短裤（不是她本人的）。法医的尸检报告显示，安琪拉死于窒息，被凶手用电线勒死，尸体上有被性虐待过的痕迹，不过并未遭受性侵害。

与之前的被害人不同，安琪拉是个女孩，警方开始怀疑杀害安琪拉的凶手到底是不是同一个人，警方一直以为凶手只找男孩下手。

1980年3月11日晚上，正在为案件苦恼的警方又接到了一起儿童失踪案，报警者是位母亲，她的儿子杰弗里在去商店购买香烟的途中失踪。杰弗里失踪后，他的母亲和哥哥先到街上找他，怎么也找不到后只能选择报警。

在警方调查的过程中，杰弗里的朋友说，他曾看到过杰弗里上了一辆蓝色的别克汽车。十几天后，警方接到一个匿名男子的电话，他说在报纸上看到杰弗里失踪的消息后立刻想起了一个可疑的白人男子，当时他开着一辆蓝色的汽车，用枪威胁杰弗里并带走了他。

几周后，杰弗里所在学校的校长找到了警方，他从两名学生那里得知，杰弗里失踪前有个开着蓝色汽车的男子试图将他们诱拐走，不过警方并未重视起校长所提供的线索。

1980 年 5 月 19 日早晨，有人在一辆自行车旁发现了一个黑人少年倒在血泊里。这名少年早已没了生命迹象，他的头部右侧被钝器所伤，留下了两处十分严重的割伤，造成了严重的出血和颅内出血；他的右臂和左胸处分别有严重的刺伤。后来警方确认死者是 14 岁的埃里克，是一对夫妻的养子，他 4 个月大时被生母遗弃，至于生父是谁没有人知道。

据埃里克的养母提供的情况，在昨天晚上，埃里克接了一个电话后，就匆忙拿着自己修车的工具出门了，临走前还对她说自己要去修车。警方推测，埃里克极有可能目睹了一次抢劫，然后被灭口，只是这个推测并没有相应证据的支持。

1980 年 6 月 9 日晚上，当地又出现了一起失踪案，12 岁的少年克里斯托弗失踪了。失踪前的中午，克里斯托弗向祖父母报告了自己的行踪，他准备去社区游泳中心。之后，克里斯托弗再也没有回家。

1980 年 6 月 22 日，7 岁的威尔逊在自己家中被人掳走，失踪的威尔逊凶多吉少，极有可能已经遇害。警方从一个女邻居那里得知，威尔逊失踪的当天，曾有一名黑人男子翻进了威尔逊的家，之后悄无声息地拐走了威尔逊。警方觉得女邻居的话有一个漏洞，因为如果有人想要进入威尔逊的房间就必须路过他父母的房间，这个过程中威尔逊的父母不可能毫无察觉。直到 10 月份，威尔逊的尸体才被发现，只是他的尸体腐烂严重，法医无法确定他是否遭受过性侵害。

从 1979 年 6 月起，在亚特兰大发生的所有儿童失踪被害案都有一个共同点，即被害人都是黑人，而且频繁发生的黑人儿童失踪被害案并未得到警方的重视，这让许多黑人十分愤怒，尤其是有孩子的母亲，他们为了尽快督促警方将凶手抓捕归案，开始通过媒体向警方施加压力。

很快，亚特兰大又发生了一起儿童失踪案，失踪者是个 10 岁的男孩，名叫艾伦。在艾伦失踪的第二天，有人在一座高架桥下发现了艾伦的尸体。尸检结果显示，艾伦的脖子扭断了，从而导致了窒息死亡。由于艾伦尸体的发现地在高架桥下面，因此警方推断艾伦可能不小心从高架桥上摔下扭断了脖子。但据艾伦的父母反映，艾伦有十分严重的恐高症，不会主动到高处去，更别说去高架桥了。也就是说，艾伦是被人蓄意谋杀，而非警方所说的意外事故。

1980 年 7 月 7 日，有人在一个仓库后面发现了一具男孩的尸体，他的身上有十分严重的刀伤，显然是被人刺死的。后经证实，死者正是前一天失踪的 9 岁男孩安东尼。

4 天后的晚上，警方接到一起绑架案，一对夫妇告诉警方，他们 11 岁的儿子艾尔被人绑走了，他们还接到了绑匪的电话，绑匪向他们索要 200 美元。警方还从这对夫妇那里了解到，在艾尔失踪的当天，他和朋友相约一起到公园游泳，一直到晚上都没有回家。后来警方才意识到这并非一起普通的绑架案，因为艾尔的父母再也没有接到过绑匪的电话，艾尔极有可能已经遇害。

到了 1980 年 9 月，亚特兰大遇害的黑人儿童越来越多，政府再也顶不住公众的压力，市长决定向美国联邦调查局寻求帮助。

不久，亚特兰大又发生了一起儿童失踪被害案，死者是一名 13 岁黑人儿童，名叫琼斯，在去看望祖母的途中失踪。后来，有人在一个垃圾桶里发现了琼斯的尸体，他身上穿着红蓝上衣和白色网球鞋，但都不是他自己的衣物，而且他没有穿内裤。尸检结果显示，琼斯脖子处有明显勒痕，口腔里还有一些淤青和刀伤。

目击证人告诉警方，洗衣房经理詹姆斯曾袭击过琼斯。警方立刻对詹姆斯进行了调查，詹姆斯经常参加同性恋派对，应该是个同性恋。詹姆斯告诉警方，他的确和琼斯见过面，但他并不是杀死琼斯的凶手。测谎测试结果显示，詹姆斯没有说谎。由于警方没有充足的证据起诉詹姆斯，就放走了他。

与此同时，FBI派来了两名非常擅长进行连环杀手心理侧写的探员，一位叫约翰·道格拉斯，另一位叫罗伊·黑兹尔伍德。这两位FBI探员在研究了这一系列儿童被害案后，提出了完全不同的看法，他们认为凶手是个黑人。在此之前，外界都怀疑凶手来自"白人至上"这个特殊的团体。

约翰和罗伊认为，大部分失踪者都居住在黑人贫民窟，这里的犯罪率很高，一般情况下白人不会主动来这里，更别提诱拐黑人小孩，而且白人在这里出现一定会引起黑人居民的注意。凶手的抛尸地点都比较隐蔽，如果是"白人至上"团体的成员，他会将尸体扔到公共场所，这样才能引起媒体和公众的注意。

更关键的是，有不少目击者都看到过被害人上了一辆蓝色汽车，只有司机是黑人，被害人才可能被引诱上车；如果司机是白人，那被害人的警惕性会立刻提高，不会轻易上当。

两名FBI探员来到亚特兰大后，当地又发生了一起儿童失踪案，失踪者是10岁的达伦，他在1980年9月14日失踪。警方在刚接到失踪报案时，并未立刻展开调查，因为达伦经常离家出走，过段时间后会主动出现在家里，只是这次达伦再也没有出现过。

二十多天后，当地又发生了一起儿童被害案，死者名叫查尔斯，他的尸体被凶手丢弃在停车场，身上只穿着一条蓝色牛仔裤和一只网球鞋。尸检报告显示，查尔斯死于窒息，脖子处没有勒痕，可能是被凶手闷死的。

第二天，警方从一个毒贩那里了解到，查尔斯被害前曾和一个男人待在一辆车上，毒贩只知道那个男人是个恋童癖，经常引诱儿童。不过他并不认识那个男人，也不知道对方的名字。

之后，亚特兰大的警方没有再接到儿童失踪、被害的报案，凶手似乎停止了作案。但 FBI 的两名探员却认为凶手是个连环杀手，不可能突然停手，要么是生病了，要么是因其他罪名被关进了监狱。

就在所有人都松了口气的时候，1981 年 3 月，亚特兰大开始出现连环成人被害案，第一名被害人是个名叫艾迪・邓肯的 21 岁成年人。艾迪的尸体被发现时只穿着一件套头衫，下身赤裸着。据艾迪的一个朋友反映，他失踪前说要去帮人做刷油漆的工作，对方提供的报酬很丰厚。警方开始怀疑，之前专找儿童下手的连环杀手改变了对杀人对象的选择，开始将目标对准了成年的年轻男子。

当时亚特兰大法医办公室的一个工作人员私自接受了记者的采访，并不经意间向记者透露了一条十分重要的信息，法医在死者艾迪的身上找到了一些凶手的毛发和纤维，这些可以证明凶手是同一个人。

FBI 在得知泄露信息的行为后，十分恼火，不过后来他们立刻想到了一个诱捕计划。凶手在看到这则新闻后，一定想要毁掉尸体上的证据，将尸体扔到河里是最好的销毁证据的方法，因为河水能冲刷掉尸体上的许多证据。于是 FBI 和警方开始在亚特兰大的各个桥墩处蹲守，等待凶手主动上钩。

1981 年 5 月 22 日的深夜，一名警察在蹲守时发现了一辆可疑的雪佛兰汽车出现在桥附近，随后警察就听到了重物落水的声音，甚至还看到了飞溅的水花。警察立刻跳出来拦住了这名司机，司机是个黑人，名叫韦恩·威廉姆斯，个子不高、中等身材，戴着一副眼镜。

面对警方的质疑，威廉姆斯说他不是凶手，他刚才丢到河里的只是一袋垃圾，而不是尸体，他还说自己是个音乐人，要去面试一个名叫约翰斯的歌手，他还提供了约翰斯的地址。警察看到威廉姆斯说得如此具体，就没有怀疑他，放他离开前从他车上例行采集了一些毛发和纤维。

后来警方根据威廉姆斯所提供的地址去调查，却发现根本没有名叫约翰斯的歌手，而且两天后警方在那座桥的下游发现了一名成年男子的尸体。

这下，威廉姆斯成了最大嫌疑人。警方从威廉姆斯车上所采集到的纤维和毛发也与死者身上的相吻合。而且警方发现威廉姆斯养了一条狗，死者身上就有相似的狗毛。在接受审讯时，威廉姆斯表现得十分有礼貌，但进行审讯的警察却总觉得他的礼貌让人不舒服，尤其是他的微笑，看起来皮笑肉不笑，好像很看不起警察。

虽然警方怀疑威廉姆斯就是亚特兰大儿童杀手，但他们凭借手中所掌握的证据只能以两项谋杀罪起诉威廉姆斯。在法庭上，威廉姆斯一直声称自己是无辜的，是替罪羊，真正的凶手是"白人至上"团体派来的，警方为了避免种族战争，只能将所有的罪名都推到他身上。再加上威廉姆斯有着正当的职业、穿着得体且态度诚恳，陪审团的许多成员都认为他是无罪的，他还差点被当庭无罪释放。最终，威廉姆斯因两项谋杀罪被判处了终身监禁。从那以后，亚特兰大市的连环儿童失踪被害案终于结束了。

威廉姆斯出生于 1953 年 5 月 27 日，他的父母都是老师，他从小就对电台和记者很感兴趣，他的父母也很支持他的兴趣。在青少年时期，威廉姆斯就开始进入一家深受欢迎的电台打工，并且和他的老板——一名有影响力的黑人领袖且是全国有色人种协会的主席，一起出现在杂志封面上。16 岁时，威廉姆斯就在父母的支持下，在家中拥有了自己的音乐广播电台，他会利用业余时间大力推广自己的电台和当地的音乐天才。未被逮捕之前，威廉姆斯在周围人的心中是一个积极进取、有才华、有梦想的年轻人，看上去完全不可能是个变态连环杀手。

## 【控制他人的游戏】

种种迹象均显示，威廉姆斯不可能是个变态的连环杀手，他成长于一个普通的中产阶级家庭，父母很尊重他的个人兴趣。而且威廉姆斯在现实生活中是一个事业很成功的年轻人，根本不符合人们对连环杀手的想象。在大多数人的心中，连环杀手就应该是社会的边缘群体，他们童年悲惨、没有稳定的工作或惯于盗窃、抢劫，在现实生活中就是彻彻底底的失败者。

但亚特兰大的连环儿童被害案的死者们，身上一般都没有明显伤痕，这说明他们生前没有遭受过暴力袭击，也说明被害人是被凶手诱拐走的。在所有的案件中，有一个案件十分特别，一个名叫威尔逊的 7 岁儿童，他在自己家中被诱拐，而且邻居看到了一名黑人男子翻进了威尔逊的家，到达威尔逊的房间恰好要经过他父母的房间，想要在不惊动父母的情况下诱拐走威尔逊，由此可见凶手多么擅长诱骗，而且他一定很有礼貌，从而使威尔逊放松了警惕。这些特点都与威廉姆斯相吻合。威廉姆斯来自一个中产阶级家庭，他很年轻、聪明，而且平常表现得很有礼貌。如果亚特兰大儿童杀手是个粗鲁或年龄较大的男子，那么他诱拐儿童的成功率将会大大降低，但亚特兰大儿童杀手的特点是频频得手，在短短的两年内诱拐并杀害了多名儿童。

反社会人格者在人口中占据一定的比例，他们虽然没有正常的情感体验，但并不意味着所有的反社会人格者都属于社会边缘群体，不少反社会人格者都是现实生活中的成功人士，因为反社会人格者可以通过经商、从政或从事某种职业来获得控制别人的快感，不单单非得使用肢体暴力来控制对方。对于反社会人格者来说，他的人生乐趣就在于控制他人，这是他一生都在进行的游戏。

# Criminal Psychology

在母亲溺爱下长大的杀手——

## 罗贝托·苏科

1981 年 4 月 5 日，意大利的梅斯特雷发生了一起惨案，被害人是一对夫妇，凶手却是他们的儿子罗贝托·苏科。苏科从小在母亲玛利亚的溺爱下长大，他的母亲无时无刻不在保护着他，唯恐苏科被别人欺负，或者不快乐。苏科因此养成了孤僻的性格，不喜欢与人交流，还经常和同学发生冲突，同学们都不敢惹他。

苏科小时候有虐待动物的行为，他经常抓一些小猫或松鼠，然后用刀切开它们的肚子。玛利亚从不觉得苏科的这种行为残忍且错误，她觉得只要苏科开心，他愿意做什么就做什么。苏科的父亲纳扎里奥是一名警察，每天都忙着工作，深夜才回家，基本上没时间管教苏科，教育苏科的任务就全部落在了玛利亚的肩上。即使纳扎里奥偶尔会教训一下任性的苏科，玛利亚也总会拦着，她看不得苏科受到责骂。

进入青春期后，苏科开始变得叛逆起来，经常在外胡闹，直到深夜才回家。玛利亚很担心苏科的安危，每天都会等苏科回家后才放心去睡觉。苏科一直希望能有辆自己的汽车，他不止一次地向母亲提出想要一辆汽车。玛利亚很担心苏科开车遇到危险，就一直不同意买车，她告诉苏科，她可以请人开车送苏科到想去的地方。苏科告诉母亲，他已经长大了，应该有辆自己的汽车。但玛利亚就是不同意。

1981 年 4 月 5 日晚上，苏科再次提出买一辆汽车，玛利亚又拒绝了。苏科愤怒不已，开始和母亲争吵起来。盛怒之下的苏科将母亲看成了阻碍自己愿望达成的人，于是他跑到厨房拿了一把刀，用力将刀刺向了玛利亚的胸口、头部和脖子，玛利亚当场身亡。

杀死母亲后，苏科没有害怕，也没有后悔，他坐着看了一会儿地上的血迹后，就将母亲的尸体拖进了浴缸。然后，苏科坐在客厅等着父亲下班回来。晚上十点半，纳扎里奥回到了家。

一进家门，纳扎里奥就感觉不对劲，家里漆黑一片。玛利亚是名家庭主妇，平时都会开灯等纳扎里奥回家后再关灯睡觉。就在纳扎里奥疑惑之际，他的头部突然受到了重击，他的儿子苏科一直拿着把斧子等纳扎里奥回家，他从背后袭击了纳扎里奥。随后，苏科用个尼龙袋牢牢套住了纳扎里奥的头部，纳扎里奥渐渐在窒息中死亡。最后苏科将纳扎里奥的尸体拖到浴缸中，与母亲的尸体丢在一起。做完这一切后，苏科离开了家，去了弗留利。

这起凶杀案在梅斯特雷引起了巨大的轰动，被害人纳扎里奥是名警察，而凶手却是他的儿子苏科。没过多久，苏科就被警方抓住了，随后他被押送到梅斯特雷受审。审讯中，苏科说出了自己的作案动机，他觉得母亲是个令人厌烦的人，总爱管着他，如果从头来过，他还会选择杀死母亲，以此来摆脱母亲的管束。至于为什么要杀死父亲，苏科表示他已经杀死了母亲，而父亲又是个警察，如果他不杀死父亲，就会面临着坐牢，他也不想父亲惨死，但为了自己还是选择朝父亲下手。

1981年10月，梅斯特雷法庭开庭审理此案。法官认为，凡是精神正常的人都不会朝自己的父母下手，像苏科这样的罪犯，精神一定不正常。最终苏科因精神异常被免去了刑事责任，随后他被安排到精神病院接受治疗，他得在精神病院里待上10年，才可能获得释放。

苏科表示，他想要成为一名工程师，希望法庭能给他一个学习的机会，法官允许了。在精神病院里，苏科获得了一定的自由，在被监督中入读了帕尔马大学。

1986年6月12日，苏科趁着读书的机会逃走了。在此之前，许多媒体都争相报道苏科努力学习的新闻，苏科被描写成了一个改过自新的人，但后来所发生的事情证明，苏科非但没有认识到自己的错误，反而变本加厉地继续犯罪。苏科沿着铁路一路逃到了法国，开始了连环作案。

1987年4月2日，法国的萨沃依发生了一起枪杀案，被害人名叫安德烈·卡斯蒂略，是名军人，他的军队制服和配枪都被凶手抢走了。枪杀安德烈的人正是苏科，他在将安德烈的军队制服和配枪据为己有后，开枪打死了安德烈，然后扬长而去。

4月27日，苏科奸杀了一名越南裔少女。起初苏科用枪威胁被害人，然后用手铐将她铐在床上，对其实施了强奸，最后杀死了她，并将少女的尸体丢在了荒野中，之后警方一直都没能找到少女的尸体。在准备离开前，苏科注意到少女的邻居米歇尔医生，他怀疑米歇尔看到了整个过程，于是就枪杀了米歇尔。直到10月份，警方才找到了米歇尔的尸体，有人在一处废弃的房屋内发现了一具已经腐烂的尸体，后经证实尸体正是失踪的米歇尔。

在法国流窜的两年内，苏科一共杀死了 10 个人。当时警方并未发现这 10 起凶杀案之间有什么关联，在经过很长时间的走访调查后，法国的警方才发现这 10 起命案是同一人所为，而这个人正是意大利通缉要犯苏科。但想要抓住随处躲藏的苏科，对法国警方来说十分困难，每当他们接到目击者的报案赶到苏科的藏身地后，苏科早已离开。

1988 年 2 月 28 日，苏科在意大利的威尼托被警方抓住，当时苏科正准备偷偷从威尼托回到家乡梅斯特雷。在此之前，警方早已注意到了苏科，布下天罗地网等待苏科主动上钩。在审讯中，苏科说自己是个法国人，根本不是警方寻找的意大利通缉犯。但当警察将证据摆在他面前时，苏科只能承认。

拉斐尔·鲁吉耶罗是名警察，参与了抓捕苏科的行动。鲁吉耶罗还是纳扎里奥的同事，两人关系不错。自从他得知纳扎里奥被苏科杀害后，十分震惊。在苏科逃走后，鲁吉耶罗一直关注着苏科的动向，就等苏科回到意大利，亲手逮捕这个不孝子。鲁吉耶罗接受采访时表示，他一直觉得苏科是个任性的孩子，没想到他却变成了一个残忍、冷血的怪物。

在开庭受审当天，苏科在被押送到看守所时，找到机会从厕所爬到了屋顶，想要逃走。由于苏科有过一次逃脱的前科，看守他的警察根本不敢有丝毫懈怠，立刻发现了爬到屋顶上的苏科。一时间，苏科成了媒体关注的焦点，他的逃跑过程被媒体拍摄下来。最终苏科从一根 4 米高的电线上摔了下来，被警方抓住送到医院接受治疗，庭审只能延后。

养好伤后，苏科被押送到法庭上接受审判。此时的苏科似乎觉得自己已无望再逃走，他开始交代自己犯下的种种罪行。随后，苏科被送往监狱服刑。1988 年 5 月 23 日，狱警发现苏科死在了自己的囚室内，他用一个塑料袋闷死了自己。

## 【溺爱式教养】

一个人如果从小没有得到应有的关爱，他就极有可能会形成危险人格，会对社会产生威胁，例如许多连环杀手都在一个糟糕的环境下长大，受到父母的忽视或虐待。但如果一个人在溺爱的环境下长大，也极有可能会形成危险人格，例如苏科。苏科的母亲玛利亚将所有的心血和关爱都倾注到儿子身上，她会无条件地满足苏科的任何要求，这种过溢的关爱和无原则的教养方式将苏科抚养成了一个唯我独尊、无法无天的人。

苏科从很小的时候就表现出了无法无天的一面，他会欺负同学，将同学都赶下校车，因此几乎没有同学愿意和苏科交朋友，苏科是一个完全以自我为中心的人，凡是有人违背了他的意愿，他就会将其视作需要清除的阻碍。玛利亚反对他买车，苏科就杀死了玛利亚。后又担心当警察的父亲会将自己送进牢里，于是苏科又杀死了父亲。

在溺爱环境下长大的孩子，他人格中的危险因素会随着年龄的增长渐渐显现出来，尤其是当他走入社会时，因为他完全是以自我的需求为主，因而无视他人的需求、社会道德、规则乃至是法律，因此他很容易出现侵犯他人权益的行为。苏科从来不会考虑他人，甚至连父母也不放过。一个人出生后有很长一段时间都处于弱小和无知的状态，他的心理发展极易受到外界的影响，这个时候抚养者就变得十分关键，如果抚养者采取了错误的教养方式，而且这种方式一直持续到他成年，那么他的行为方式就会趋于稳定，在之后的人生中基本不会发生变化。玛利亚溺爱的教养方式，使得苏科早已习惯了自私、任性的行为方式，因此他会杀害父母，并在法国犯下10起命案。

# Criminal Psychology

在日记中向神明汇报犯罪——

**东真一郎**

1997 年 5 月 27 日清晨 6 点 40 分，日本神户市立友丘中学的管理员在打开校门后发现门口有一颗人头，人头上还放着两张纸片，上面是凶手写下的犯罪声明。被害人是该学校的学生土师淳。

在校门的旁边，即挂着学校名牌的水泥矮墙上有一摊直径约为 10 厘米的血迹。而且案发现场的种种迹象显示，这颗头颅至少被人挪动了 3 次。在管理员发现头颅的 1 个小时前，曾有一名 83 岁的老太太在清晨散步时发现了这颗头颅，但她并未注意。警方推测，凶手最初打算将头颅搁置在矮墙上，希望引起路人的注意，但固定不好，所以又将头颅转移到了距离校门 3 米远的墙角。凶手在做完这些后，并未马上离开，而是躲起来查看路人的反应。当看到老太太对头颅没什么反应后，就将头颅挪到了校门口，然后悄悄躲在附近进行观察，直到管理员发现头颅后他才离开。

尸检结果显示，土师淳的头颅被凶手以极其残忍的手法进行了损害，他的头颅在被割下后，凶手就开始在他的头颅上反复切割，还用利器将脸部从嘴角到耳朵割开，眼部被画上了 × 形记号。下午 3 点左右，警方在距离神户市立友丘中学 500 米外的山边找到了土师淳的尸体。

在土师淳失踪后的当天晚上，警方就接到了失踪报案。土师淳的母亲见到儿子很晚了还没回家，就给孩子的祖父打电话了解情况。在得知土师淳从未去过公公家里后，土师淳的母亲开始担心起儿子的安危了，她当时觉得土师淳可能遭遇了交通事故。在好心邻居的帮助下，土师淳的父母找了很久都没找到他，于是就报了警。尸检结果显示，土师淳在离开家后没多久就遇害了，他胃里的食物甚至都没消化。

就在土师淳遇害的几天前，友丘中学门前曾出现过虐杀至死的猫的尸体，附近的公园里也有被人殴打致死的猫的尸体。在更早之前，附近的公共汽车站前也出现过被人砍掉头的鸽子的尸体。此外墙壁上还被喷上了"酒鬼蔷薇圣斗"。

在那份犯罪声明中，凶手自称是"酒鬼蔷薇圣斗"，还提及了自己的杀人动机，他能从杀人中获得快乐。在犯罪声明中，涉及了许多"死亡制裁""清洗"等字眼。警方怀疑凶手是个 20 岁至 40 岁的男子，身高 170 厘米左右。由于该案件太过凶残，警方在排查每个和案件有关的嫌疑人时，连小孩都没放过。

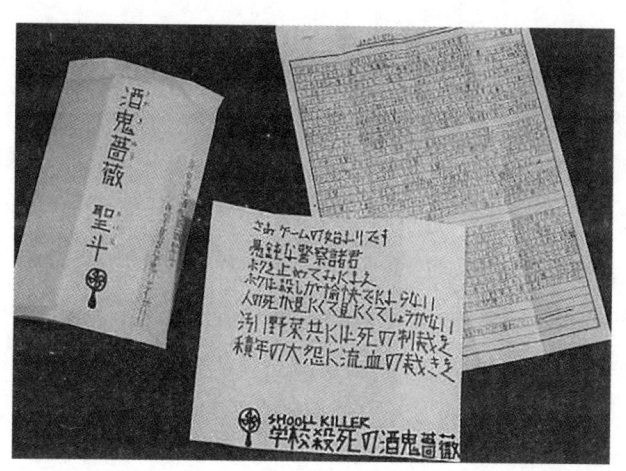

6 月 4 日，神户新闻社收到了凶手的信件。在信中，凶手承认他杀害土师淳并切割下他的头颅，还威胁说会制造更多的凶杀案。凶手在信中写道："现在，游戏开始了，当我杀人或攻击他人身体时，我觉得自己能从持续的憎恨中获得自由和和平，增加他人的痛苦可以使我自己的痛苦得以减轻，我已经将自己的生命当作赌注压在这个游戏上，如果我被捕了，我就会被判处绞刑。"此外，凶手还对日本的教育制度表达了强烈的愤怒和憎恨，他认为是日本的强迫性教育使自己变成了如今这个样子。

不久之后，神户新闻社再次收到了凶手的信件，这是一封警告信，原来神户新闻社在刊登此案时，误将凶手的"酒鬼蔷薇圣斗"写成了"鬼蔷薇"。这个失误激怒了凶手，于是他给神户新闻社写信警告："从现在开始，如果你们再弄错我的名字，或是惹怒我，我将会在一个星期内杀掉 3 个人，我不只会杀害儿童。"

6 月 28 日晚上 7 点 5 分，警方抓住了凶手。凶手是一个年仅 14 岁的少年，由于未成年人保护法，当时该少年的真实姓名以及所有信息并未公开，警方和媒体只对外称少年 A 或酒鬼蔷薇圣斗，这个少年 A 的真实姓名叫东真一郎。

警方在案发后对学校进行了排查，在排查中怀疑上了东真一郎，于是就向学校索要了东真一郎的笔迹，将笔迹与犯罪声明上的笔迹进行了比对，比对结果显示笔迹属于同一人。由于东真一郎还是两起袭击案的犯罪嫌疑人，于是警方断定凶手就是东真一郎，遂以涉嫌杀害土师淳及侵害他人身体的罪名将东真一郎逮捕。警方在东真一郎的住所还发现了部分凶器。被捕后，东真一郎承认他就是杀死土师淳的凶手，还交代了另外一起凶杀案和两起袭击案。

1997 年 2 月 10 日下午 4 点 30 分左右，东真一郎用槌子在日本神户市的街道上袭击了两名小女孩，并造成一名女孩身受重伤。被害人的父亲曾向学校和警方报告了此事，还提出让女儿辨认凶手，但没有得到回应。据被害人的回忆，当时东真一郎身着西装外套，手持学生用的书包。

3 月 16 日中午 12 点 30 分左右，东真一郎以询问厕所位置为由将小女孩山下彩花诱骗到厕所，然后用铁锤用力砸向山下彩花的头部。在逃跑过程中，东真一郎碰到了另一个小女孩，他怀疑小女孩看到了自己行凶的过程，遂用小刺刀刺伤小女孩的腹部。

山下彩花和被刺伤的小女孩之后被送往医院接受治疗，其中山下彩花在3月27日因抢救无效死亡，那个被刺伤的小女孩在医院养了两周后才痊愈。

1997年5月24日下午1点30分过后，东真一郎在街上偶然遇到了土师淳，当时土师淳正准备去祖父家。东真一郎一看到土师淳就准备杀死他，他一直在寻找犯罪目标，而眼前的土师淳正好比他年少，是个比较容易控制的对象。

东真一郎以"有蓝色乌龟"为由将土师淳骗到了一处高台上，然后趁其不备用鞋带缠绕在土师淳的脖子上，并将其勒死，在离开前东真一郎将土师淳的尸体藏在了山上的一个角落里。

第二天，东真一郎拿着一把刀回到了藏尸地，他从上小学起就喜欢随身携带刀具之类的锋利武器出门，他觉得自己拿着刀就好像拿着手枪一样，他的愤怒也会因此减轻。东真一郎将手中的这把刀取名为"龙马刀"，之后他就用"龙马刀"将土师淳的头颅割下，并对着头颅说："杀死你的感觉真是太爽了，你一定很痛苦吧。那个时候出现在那个地方就是你的不对。"

东真一郎怀疑头颅中藏匿着土师淳的灵魂，于是就极其残忍地破坏了头颅。

后来东真一郎将土师淳的尸体装进了塑料袋里，藏在了树根下面，最后东真一郎将头颅放进了事先准备好的塑料袋里并带回了家。回家后，东真一郎将头颅从袋子里拿出来进行清洗。他花了15分钟，才将头颅上的泥土、树叶清洗干净，最后他将头颅藏在了天花板里。

第二天凌晨1点至2点，东真一郎带着头颅来到神户市立友丘中学门口，他想将头颅立在学校大门上，失败后只好放在地面上。在学校门口看了几分钟后，东真一郎才恋恋不舍地离开了。被捕后，东真一郎表示他很后悔没有坚持将头颅立在学校大门上，没能完成自己的"作品"。

东真一郎表示，他从小就与祖母、父母和两个弟弟生活在一起，在自己最爱的祖母去世后，他就对死亡产生了难以言明的执念，并开始思考死亡。为了理解死亡，东真一郎开始解剖青蛙，后来渐渐发展成解剖鸽子、猫等动物。到上了初中之后，东真一郎发现解剖动物已经无法使自己得到满足，于是他开始攻击小学生。东真一郎一直觉得自己的身体中有另外一个自己，那个另外的自己就是酒鬼蔷薇圣斗。

警方在搜查东真一郎的住所时发现了上千本的色情漫画和色情影片，还有他的犯罪日记。东真一郎每次作案后都会以写日记的方式向所谓的神明汇报。例如东真一郎在袭击了一个小女孩后在日记中写道："为了证明人类多么脆弱，我今天进行了一个吓人的实验。当小女孩转向我的时候，我朝她挥动了手中的铁锤，我感觉自己敲打了她好几下，当时的我十分兴奋，到底敲打了几下我已经记不清楚了。"在1997年3月23日的日记中，东真一郎写道："今天早上，我听妈妈说起那个小女孩，她好像快要死掉了。但是警察根本没有怀疑上我，我觉得这是神明在保护我，我要感谢神明的保护，希望神明能继续保护我。"

东真一郎所信仰的神明是他自创的，他除了会写日记向神明汇报案情外，还自编了一套神圣仪式，他每天都会进行这项神圣仪式，并认为这样才不会被捕。

1997 年 6 月 29 日，东真一郎因杀人罪和损坏遗体的罪名被移送至神户地方检察厅。8 月 4 日，东真一郎在接受精神鉴定后接受第一次审判。

8 月 20 日，执意不肯当面道歉的东真一郎的父母通过律师向被害人家属送去了道歉信。但这些道歉信毫无诚意，所有被害人家属所收到的道歉信的内容都一样，唯一的区别是换了不同的人名。

9 月 30 日，东真一郎的精神鉴定报告出来了，他被诊断为反社会人格障碍。10 月 13 日，东真一郎被移送到关东少年感化院接受治疗，这家感化院专门接收 12 岁至 26 岁患有精神障碍的少年犯。11 月 27 日，东真一郎被送到东北中等少年院接受治疗。在这个过程中，东真一郎的个人信息一直被保密。

1999 年，东真一郎的父母出版了一本书——《少年 A：父母的悔恨手记》。这本书由文艺春秋出版社出版，一经出版立刻成了畅销书。在这本书里，东真一郎的父母表达了漫漫的悔恨之情。后来东真一郎的父亲还接受了采访，在采访中，记者问他是否还记得被害人的姓名，东真一郎的父亲选择了沉默，他到底是否真的悔恨了，或许只有他自己才知道。在这本书出版后，东真一郎的父母就离了婚，他的家人们都纷纷离开了当地，到外地定居生活。

2004 年 3 月 10 日，东真一郎获得了假释，医院认为他在接受治疗后已经可以回归社会了。此时的东真一郎已经成年，如果他愿意隐姓埋名重新做人，完全可以做到，没有人知道他就是曾经犯下残忍罪行的少年A。

2012年冬，日本出版社幻冬舍找到了东真一郎，希望东真一郎能出版一本自传，东真一郎答应下来。

2013年，东真一郎将写好的自传交给了幻冬舍，却遭到了退稿，因为他在书中对被害人毫无歉意。为此幻冬舍提出了三个要求：第一，东真一郎必须告诉被害人家属自己要出版这本自传；第二，在署名处写上东真一郎的真实姓名；第三，东真一郎必须得诚恳道歉。

2014年，东真一郎结束了与幻冬舍的合作，转而和日本太田出版社合作，或许东真一郎对幻冬舍提出的三个要求不满。

2015年6月28日，东真一郎的自传——《绝歌：神户连续儿童伤害事件》出版了。他以少年A的身份在书中讲述了当年所发生的酒鬼蔷薇圣斗事件。这本书几乎就是东真一郎当初的原稿，出版社的编辑基本上没有对该书进行删减和改编，甚至连当初幻冬舍删除的内容也都出版了。

一周后，东真一郎的律师和被害人家属见了面。律师表示，东真一郎已经将当年的酒鬼蔷薇圣斗事件写书出版了。不过被害人家属并未等来东真一郎的亲自道歉，只有短短数行的道歉信和《绝歌》这本书。

东真一郎此举激怒了被害人家属，家属们纷纷表示抗议，其中一位父亲甚至公开指责太田出版社，希望太田出版社能全面收回此书。但这本书不仅没有被收回，还销售得不错，甚至还加印了第二版和第三版。土师淳的父亲表示，没有任何父母愿意去读自己孩子被杀害的描写，他表示自己永远不会去读这本书，因为那样会让他感觉土师淳被杀害了第二次。

这本书使东真一郎受到了广泛的关注，《周刊文春》的记者在进行了一番调查后终于找到了东真一郎在神奈川的住所，不过在记者找上东真一郎之前，他就搬家了，搬到了东京居住。据东真一郎的邻居们反映，从未见过东真一郎出门，他基本上都宅在家里。

东真一郎在刚被关起来时一直和父母保持着联系，当他得知父母将他们联系的内容曝光给记者后，他就不再信任父母并与父母切断了联系。

2016 年 1 月 26 日，《周刊文春》的两名记者在东真一郎所居住的东京某公寓的停车场看到了东真一郎。当东真一郎看到有记者在跟踪自己后，显然很震惊。当记者提出要采访他时，东真一郎开始不断否认自己的身份。最后为了赶走记者，东真一郎警告道："你们既然没有证据，就不能这样说了。你们的行为已经给我造成了困扰，我可以去告你们对我造成的人权侵害和名誉损毁。"

两名记者只能放弃，在临走前给了东真一郎名片和采访信。这时，东真一郎突然暴怒起来，他抓住一名记者的胳膊然后说道："我都已经和你们说不是了，你是想死吗！你的脸和名字我已经记住了！"东真一郎突然从唯唯诺诺变得暴怒，这吓坏了两名记者，他们就赶紧逃走了，而东真一郎一直在后面追赶他们，直到两名记者上了车。

不久之后，《周刊文春》收到了东真一郎的来信。在信中，东真一郎表示他即将开设自己的官方网站。在网站中，东真一郎首先宣传了自己的自传，他觉得自传的销量不够理想，他想达到销售百万本的目标。此外，东真一郎还写下了自己出版自传的历程以及对幻冬舍负责人的辱骂、对各种舆论争议的辩解。

在《绝歌》这本书出版以后，为东真一郎进行心理治疗的副主治医师和他断绝了联系。在感化院服刑、接受治疗的 7 年里，东真一郎与副主治医师之间的关系很亲密，她对待东真一郎就像母亲对待自己的孩子一样。这名医生也致力于让东真一郎重新从一个婴儿成长起来，并鼓励东真一郎战胜自杀的念头。在东真一郎看来，这个医生就是一个理想的母亲，在她的帮助下，他开始产生了回归社会、做一个正常人的念头。

当副主治医师得知东真一郎准备出版自传时，十分愤怒，她极力反对东真一郎这么做。当时东真一郎还曾动摇过，想要放弃出版自传，最后他还是决定出版自传，这无疑激怒了副主治医师，他也因此失去了这位理想的母亲。

## 【早年起就表现出异常】

酒鬼蔷薇圣斗事件出现后，日本的教育系统和制度遭到了人们的质疑。在日本，儿童在6岁以前都要接受一项十分严苛的考试。考试的结果决定着一个儿童是否能够进入良好的私立小学，或者是被送入条件很差的公立学校。这项考试很大程度上会影响一个儿童的人生和未来。

东真一郎在给媒体所写的信件中，将所有的责任都推到教育制度上，他认为是教育制度将自己变成了一个杀人恶魔。从东真一郎的犯罪行为中可以看出，有缺陷的教育制度无法解释他的犯罪原因。在日本，千千万万的儿童都在相同的教育制度下成长，也有许多儿童被送到公立学校接受教育，他们却并未像东真一郎一样去杀人，甚至做出切割头颅这样的残忍行径。

东真一郎在被捕后被确诊为反社会人格障碍。而反社会人格者的一个典型特征就是早年会出现异常行为。反社会人格者从小就会出现许多行为问题，会给周围的人带来困惑。也就是说，反社会人格者从小就坏，他不是在外界的影响下变坏的，而是本质上就坏。在东真一郎上小学的时候，社工就发现他的精神状态异于其他儿童，还将这种情况告诉了他的母亲。当时东真一郎的母亲并未在意，她希望自己的长子能在学校有突出表现。之后东真一郎开始出现虐待和杀害小动物的行为，并以此为乐。在进入初中之后，东真一郎开始不满足于虐杀小动物，他开始攻击小女孩。

反社会人格者即使生长于一个正常的家庭，他也会出现行为异常。反社会人格者的父母和正常人一样，家里的其他子女也都很正常，并未出现异常行为或劣迹，但反社会人格者就是格格不入的存在，他在行为和个性上与家中的其他兄弟姐妹有很明显的差别，更加不安分、大胆且具有破坏性。东真一郎从小就喜欢搞破坏，会将弟弟们组好的塑料模型弄坏。东真一郎的父亲是个老老实实工作养家的男人，他的母亲也只是一个普通的家庭主妇。东真一郎还有两个弟弟，在东真一郎获得假释的时候，其中一个已经大学毕业，另一个正在上高中。与东真一郎不同，他的弟弟们都很优秀，不仅很擅长体育，学习成绩也不错。

# Criminal Psychology

用吗啡杀人的医生——

## 哈罗德·希普曼

1998 年 6 月 24 日上午，英格兰曼彻斯特海德小镇的警方接到报案，81 岁的凯瑟琳·古兰迪被朋友发现死在家中。之前，凯瑟琳和两个朋友约好在 6 月 24 日这天去老年康复俱乐部进行义务劳动，为行动不便的老人做饭。当两个朋友来凯瑟琳家中找她时，却发现凯瑟琳蜷缩在沙发上一动不动，她们以为凯瑟琳在睡午觉，于是走进去准备叫醒她，后来她们发现凯瑟琳的脸色很苍白，她的身体也冰冷，两人才意识到凯瑟琳可能死了，于是立刻报了警。

不久，警方就接到了凯瑟琳家庭医生所开出的死亡证明，上面写着死于高龄，警方并未怀疑，毕竟凯瑟琳已经 81 岁了。随后，警方就将凯瑟琳死亡的消息告诉了她的女儿安吉拉·伍德芙，一名职业律师。

当安吉拉得知母亲去世的消息后，第一反应不是悲伤，而是吃惊。凯瑟琳是个身体很硬朗的老太太，几乎从来不生病，是社区的积极分子，经常踊跃参加社区举办的活动。就在去世的两周前，凯瑟琳还参加了一次旅行，她还是这次旅行活动的驾驶员。

不久之后，安吉拉收到了当地一家小律师事务所的一封来信，里面是凯瑟琳立下的新的遗嘱声明。凯瑟琳是个寡妇，还很富有，在遗嘱中她将大部分遗产都留给了她的家庭医生，也就是 52 岁的哈罗德·希普曼，那是一笔价值整整 80 万英镑的遗产。

安吉拉了解到希普曼在曼彻斯特海德小镇开了一家私人诊所，诊所的名字叫"手术"，在当地颇有名气，很受患者们欢迎，是个十分专业的医生。安吉拉立刻给希普曼打了一个电话。

接电话的人是希普曼的妻子，她说希普曼正在做手术，没有时间接电话。后来，安吉拉接到了希普曼打来的电话，他说自己刚做完手术，还对安吉拉表示了哀悼，他对安吉拉说，在凯瑟琳去世前不久他还去看过她，当时并未发现异常，所以没有必要对凯瑟琳进行解剖检查，最后他还建议安吉拉尽快将凯瑟琳火化，而不是更常见的土葬。当时安吉拉并未多想，就挂断了电话。

几天后，安吉拉开始觉得不对劲，她觉得母亲没有必要在不通知自己的情况下另立一份遗嘱，而且凯瑟琳原来的遗嘱正锁在安吉拉的保险柜中。安吉拉把新遗嘱重新看了一遍后，发现了许多漏洞。

第一个漏洞：凯瑟琳生前曾当过多年的秘书，十分讲究行文格式和语法，但这份新遗嘱不仅排版很糟糕，语法也很差。第二个漏洞：凯瑟琳一直喜欢手写，而非用打字机打印，这份新遗嘱就是用打字机完成的。第三个漏洞：凯瑟琳的名下还有一处房产，这份新遗嘱中完全没有交代。第四个漏洞：新遗嘱中凯瑟琳的签名字体非常大，据安吉拉对母亲的了解，她从不会使用这么大的字体。

安吉拉根据遗嘱上见证人的签名找到了他们，他们两人互不认识，而且都是在毫不知情下签了名，他们都是希普曼医生的病人，被希普曼要求签署一份不明文件。这使得安吉拉更加怀疑希普曼，于是立刻报了警。

警方在立案进行调查时发现，除了这份可疑的遗嘱外，一点证据也没有，希普曼自然不会承认自己杀死了凯瑟琳。于是安吉拉做出了一个艰难的决定，同意开棺验尸，从母亲的遗体上取证。

1998 年 8 月 1 日凌晨 3 点，海德公墓里来了许多人，有小镇上的居民，还有警察，他们和验尸官一起挖掘凯瑟琳的坟墓。凌晨 4 点左右，凯瑟琳的棺木被打开了，她的尸体被抬了出来，随后验尸官从她的遗体上取走了一些组织并进行化验。

在等待化验结果时，警方的负责人伯纳德·博斯勒带着一些人对希普曼的诊所进行了搜查，在那里找到了一个可疑的打字机，希普曼正是用这台打字机伪造了凯瑟琳的遗嘱。而在那份伪造的遗嘱上，警方还找到了希普曼的指纹。

化验结果显示，凯瑟琳的各项器官都很正常，也就是说她的身体很健康，并非像希普曼所开出的死亡证明中写的"死于高龄"。不过这份化验报告也并不能证明希普曼害死了凯瑟琳，伯纳德只能去找毒药专家对凯瑟琳的遗体进行检查。

朱莉和斯蒂夫是当地有名的毒药专家，有长达50年的办案经验，他们在接到伯纳德的邀请后立刻来到了警察局。在从伯纳德处了解了基本案情后，他们表示基本不可能从凯瑟琳的体内找到可疑物质，因为希普曼是个医生，不会留下蛛丝马迹。不过朱莉表示，如果他们运气好的话，或许能从凯瑟琳的体内发现吗啡，吗啡在被注射后不会立刻消失。如朱莉所言，他们在凯瑟琳的组织中发现了大量吗啡，凯瑟琳是被注射过量吗啡而死。这下，希普曼就成了重大嫌疑人。

1998年9月7日，警方正式逮捕希普曼，这在曼彻斯特海德小镇引起了巨大的轰动，人们根本不敢相信希普曼会杀人，因为希普曼深受当地人的敬重，他不仅医术高明，还和蔼可亲，一脸白色的络腮胡子，总是戴着一副眼镜，他还是许多人的家庭医生，深受患者信任。但凯瑟琳的死只是希普曼犯下罪行的冰山一角，他是个连环杀手，利用医术来杀人，至少有15

名老人被他杀害。

在因谋杀凯瑟琳接受审判时，希普曼表现得十分傲慢、冷静，他说自己是个无辜者，至于凯瑟琳体内为什么会出现过量吗啡，只有一个解释：凯瑟琳是个吸毒者，他早就怀疑凯瑟琳在滥用药物。

公诉方为了推翻希普曼的这种说法，专门请法医对凯瑟琳的头发进行化验，以验证凯瑟琳是否曾滥用药物，化验结果显示凯瑟琳平日里并无吸毒的习惯。

希普曼的案件引起了一名记者的注意，这名记者在小镇进行了一番调查后就写了一份报道。这份报道在小镇居民之间广为传阅，许多居民开始对号入座，要么拨打报警电话，要么到警察局报案，他们怀疑自己的亲人也被希普曼害死了，纷纷要求开棺验尸。

这下验尸官开始忙得团团转，一年内就挖了12具过世死者的尸体，并在尸检中发现了吗啡。在接受采访时，验尸官向记者抱怨说："我的许多同行，可能工作一辈子也遇不到开棺验尸，但在这一年内，我就挖了12次。"

希普曼的杀人方式十分简单，只会找自己的患者下手，而且都是独居老人，他会往被害老人的静脉中注射过量药物，等被害人死后，希普曼就会通知家属，甚至以家庭医生的身份开出死亡证明，为了销毁证据，他还会劝家属将被害人的遗体火化。有时，希普曼还会修改被害人的病历，使被害人的死因看起来更合理。警方在希普曼的电脑中发现，希普曼平时有输入行医记录的习惯，而这些行医记录并不属实，有篡改过的迹象。

警方通过一系列的调查发现，希普曼至少杀死了15名老人，最终经过英格兰法院的判决，希普曼被判处15个终身监禁。对于这项判决，许多被害人家属纷纷表示抗议，他们怀疑希普曼杀死的人远远不止这15个。英国高等法院的法官在对此案进行了彻查后，发现死在希普曼手上的人多达 215 个。

在弗兰克监狱里服刑初期，希普曼经常被提审，警方一直希望希普曼能主动交代犯罪过程，但希普曼却表现得很坚决，不肯透露丝毫案情。犯罪心理学家建议警察放弃对希普曼的提审，他认为希普曼不会主动告诉警方案情，但他周围的人却有机会从希普曼口中得到这些，例如狱警或监狱里的医生。

希普曼在监狱里表现得非常好，是模范犯人，他会认真完成狱警所安排的工作，还会利用业余时间将《哈利波特》翻译成盲文。希普曼每天都会阅读《卫报》，还会看电视新闻，看到新闻中播报自己的案件时会尤其高兴并露出得意的表情。

有着"死亡医生"之称的希普曼在监狱里继续行医，有病的犯人会主动找希普曼看病，希普曼非常乐意给犯人们看病，会根据患者所描述的症状给出一些建议。

在希普曼渐渐适应了弗兰克监狱的生活后，就被转移到了另一所监狱中。这所监狱的条件很差，关押着一些强奸犯和杀人犯，对于希普曼来说在这里生活简直就是一种折磨，他的精神也因此受到了很大的打击。这其实是警察故意使用的逼供手段，警察有时为了让犯人主动交代罪行，会将他关在一些条件恶劣的监狱中，有不少犯人都因无法忍受恶劣的条件而主动交代罪行，以获得到条件好的监狱里服刑的机会。希普曼没有选择认罪，而是选择自杀。至死，希普曼都没有交代任何罪行，每当有人提及他的罪行时，他都会把头转过去，对着墙一言不发。

2004 年 1 月 13 日，狱警发现希普曼吊死在了自己的囚室里。希普曼的自杀让狱警觉得很意外，因为他在自杀前并未表现出任何异常，自杀的前一天还保持着学习的习惯，由于希普曼表现得太过正常，狱警根本没有将他列入防止自杀的犯人名单中，没有对其严加看管。

对于希普曼的自杀动机主要有两种说法：第一种说法是希普曼利用自杀来与警察对抗，以表示他可以决定自己的生死；第二种说法是希普曼为了给妻子留下一笔丰厚的养老金，他生前购买了一笔大额寿险，受益人是他的妻子，不过前提是他得在 60 岁前死去，他的妻子才能得到 10 万英镑的赔偿。

在希普曼死后，他遗体的下落成了一个谜。直到 3 个月后，英国媒体才揭露希普曼的遗体被送去进行研究，英国科学家希望通过研究希普曼的大脑，从而找出犯罪行为与人体生理结构之间的联系，进行犯罪预防。

1946 年 1 月 14 日，希普曼出生于英格兰诺丁山一个普通的工人家庭，是家里的第二个孩子，父亲是个卡车司机，母亲是个家庭主妇。母亲十分重视对孩子的教育，希望孩子们能通过学习出人头地，对家中孩子管教得很严格。

希普曼从小就比其他孩子聪明，学习成绩也很优异，因此希普曼成了母亲最喜爱的孩子，与母亲之间的关系十分亲密，每天母亲都会开车送希普曼上学，禁止希普曼与周围的人交往，以免影响学习。

母亲还总向希普曼灌输一种优越的心理情结，让希普曼相信他比周围的人都强，将来一定会成为社会精英，会在医学或法律方面有所建树。

希普曼 17 岁时，他年仅 43 岁的母亲患上了癌症，为了治病花了许多钱，为此父亲和姐姐不得不努力挣钱，希普曼则承担起了照顾母亲的责任，每天都眼睁睁地看着母亲被病痛所折磨。希普曼的学习成绩开始受到影响，出现了下滑。

随着病情的恶化，希普曼的母亲开始被病痛折磨得痛不欲生，甚至都无法睡觉，后来医生或护士开始给她注射吗啡或海洛因以减轻她的病痛，而这一切都被希普曼看在眼里。

希普曼并未将母亲患癌的事情告诉学校里的任何人，同学们根本不知道他家里出了这么大的事。平日里，希普曼几乎不和同学说话，同学们都将他看成一个冷漠的异类，不过希普曼并未惹得同学们讨厌，在同学们眼中他只是一个学习成绩很好却很高傲的人。希普曼业余时间总会去玩橄榄球，在打球时希普曼就好像变了一个人似的，既好斗又凶狠。

1963 年 6 月 21 日，希普曼的母亲在饱受病痛的折磨后去世了，在母亲断气时希普曼就守在旁边。母亲的去世给希普曼造成了严重的心理打击，在当天晚上希普曼冒着大雨一口气跑了 19 公里。第二天，希普曼正常到学校上课，并用十分冷静的态度对同学们说，他的母亲在昨晚因病去世了。

第二年，希普曼在高中毕业考试中取得了优异的成绩，顺利进入利兹大学医学院学医，还获得了国家奖学金的资助。希普曼考上医学院在所有人的意料之中，因为他在学习时十分投入，甚至达到了狂热的地步。或许，希普曼这么做是为了完成母亲的心愿，母亲一直希望他能成为医学精英。

进入医学院不久，希普曼就和一名 17 岁的女孩普罗兹谈起了恋爱。两人是在公共汽车上邂逅并认识的，两人的感情发展得十分迅速，很快普罗兹就怀孕了，希普曼立刻与普罗兹注册结婚，一边上学一边照顾妻子孩子。

1970 年，希普曼以优异的学习成绩从医学院毕业，开始到西约克郡托德莫登镇奥默罗德诊所实习。实习结束后，他成了该诊所的医生。渐渐地，越来越多的患者知道了希普曼这个医生，觉得他是个热心肠的医生，经常上门为患者看病。但在同事们那里，希普曼却表现得十分强硬，凡事都自己动手。后来，同事们发现希普曼经常会无故晕倒，好像癫痫发作一般。

其实希普曼的健康一点儿问题也没有，也没有癫痫，他只是药物成瘾。在正式成为医生后不久，希普曼就开始利用职务之便偷偷服用一种与吗啡有着同样作用的止痛药，并渐渐成瘾，为了满足自己的毒瘾，希普曼经常伪造药方，去药房里拿一些麻醉剂或镇痛药。

有一次，一位同事发现了希普曼的诡计，在同事的逼问下，希普曼只好承认自己染上了毒瘾，希望同事给他一次改过自新的机会，不要告发他。同事没有同意，立刻向医院报告了此事。

1975 年，希普曼不仅被取消行医资格，还被医院以私开药品和使用毒品的罪名送上法庭。随后，希普曼被送到一家专门为医生开办的戒毒所接受戒断治疗。据说当希普曼得知自己将要被送到戒毒所时表现得十分冷静，他表示自己会去接受治疗，然后就离开了。一会儿，希普曼又回来了，他激动地将手里的包扔到地上，任性地不去戒毒所。

3 个月后，希普曼在戒毒所的治疗结束了。由于希普曼是初次犯罪，警方免去了他的牢狱之灾，只对他罚款了事。后来，希普曼以自己真诚的道歉赢得了英格兰医疗理事会和内政部官员的信任，恢复了行医资格。

之后希普曼来到了曼彻斯特海德小镇，在一家医院里继续行医。很快，希普曼就成了医院里最受欢迎的医生，在患者们的眼中，他不仅医术高超，还很有耐心，会真诚地听患者的倾诉。一段时间后，希普曼离开了医院，开了一家小诊所，还带走了一批患者，这些患者对他十分信任，不再去医院看病，每次不舒服都会到希普曼的小诊所去。可是，他们走进的却是希普曼布下的死亡陷阱。

## 【冷静的杀人状态】

希普曼的被害人以老年妇女居多，但希普曼没有对她们进行性侵，在杀死凯瑟琳后他才伪造了一份遗嘱，从而引起了凯瑟琳女儿的怀疑，牵出了这一系谋杀案。也就是说，希普曼的犯罪动机既不是为了获得性满足，也不仅仅是为了将被害人的财产占为己有。而且希普曼与常见的连环杀手不同，不会对被害人进行折磨，他只会向被害人注射过量的吗啡，然后等着被害人死去。那么希普曼的杀人动机到底是什么？希普曼从来没有提及过自己的杀人动机，甚至都没有承认杀人的罪行。心理分析专家认为，希普曼的犯罪动机与他的母亲密切相关。

希普曼的母亲去世时只有43岁，而且是在饱受病痛的折磨后才死去，当时的希普曼也只有17岁。与母亲关系密切的希普曼，显然无法接受母亲的去世，这件事对他造成了巨大的打击，甚至还给他的人生带来了重大转折。

母亲的死让希普曼选择了医学，他在医学上投入了很大的热情。希普曼曾亲眼看着母亲被病痛所折磨，只能依靠海洛因或吗啡来缓解剧烈的病痛。于是在希普曼行医后，他开始有了用吗啡杀人的念头，每当他看到比自己母亲高寿的人时就想要杀死对方，他无法容忍那些老太太平安幸福地活在世上，而他的母亲却被病痛折磨致死。在用吗啡杀人的时候，希普曼会感觉自己好像上帝一般，在主宰着患者的生死。

据统计，在希普曼行医的23年里，他一共杀死了215个人，也就是说希普曼平均每个月都要杀死一名患者。与大多数连环杀手不同，希普曼一直保持着很冷静的杀人状态，从未出现过放纵。

连环杀手的被害人一般会在6个以下，然后就会被捕。因为连环杀手会在一次次的作案中进入放纵的心理状态中，会越来越迷恋杀人的过程，从而失去心理控制，不再那么冷静地进行反侦查，因而会留下大量的证据，增加了被捕的风险。据统计，连环杀手杀死6个人已经是极限，而杀死7个人以上的连环杀手非常少见，希普曼则杀死了 215 个人，而且作案时间长达 23 年。

希普曼在每次作案时，只会杀死一个人，不会进行犯罪升级，也就是说他不会像其他连环杀手一样进入疯狂的心理状态，也不会放纵自己的杀人欲望。

希普曼对药物学十分有兴趣，尤其喜欢在患者身上进行药物实验。有人推测，希普曼的第一次杀人可能发生在药物实验没有掌控好药物剂量的情况下。后来希普曼开始迷恋上了杀人的感觉，会策划如何杀死一个病人，精确地掌握着吗啡的使用剂量。

与许多连环杀手一样，希普曼在服刑期间一直关注着关于自己的新闻，每当看到电视上在播放自己杀人的报道时，希普曼就会集中注意力去观看，还总会露出得意的表情，因为他能从中回顾自己的杀人过程，从而重温杀人带来的刺激感。

# Criminal Psychology

爱找外国女子下手的富二代——

**织原城二**

2000 年 7 月 2 日中午，日本东京的警方接到一名英国女子路易斯·菲利普的报警电话，她的好朋友露西·布莱克曼在昨天晚上失踪了，电话也打不通。

露西来自英国肯特郡一个中产阶级家庭，曾在英国的一家航空公司担任空姐，后来由于不满待遇，就和高中时的朋友路易斯来到日本东京赚钱，打算赚些钱去环游亚洲。在日本东京，有许多类似于风月场的酒吧，酒吧会招聘一些陪酒女，只是陪着客人喝酒，而且许多酒吧禁止陪酒女和客人私下里联系和外出。如果陪酒女私下与客人进行交易，酒吧不承担任何责任。

陪酒女的工作虽然简单，但年收入却非常可观，能达到 20 万美元以上。路易斯的姐姐就在一个名为卡萨布兰卡的酒吧中当陪酒女，路易斯和露西在她的介绍下，也在该酒吧工作。

7 月 1 日晚上 7 点左右，路易斯接到了露西的电话，她说自己正在外面约会，还有一个小时才能去上班，希望路易斯能帮自己顶替一会儿。到了下班时，露西还是没出现，于是在凌晨 1 点左右路易斯给露西打电话了解情况，露西的电话却关机了。整夜，露西都没回公寓，路易斯很担心她的安危，就报了警。

警方在了解了基本情况后，决定从与露西有密切接触的男性下手调查，但由于露丝失踪的时间还没达到 72 小时，警方决定在露西失联 72 小时后再进行调查。

7 月 3 日中午，路易斯接到了一个陌生男子的电话，男子声称自己是露西的朋友，名叫高木晃，他正和露西参加一个宗教组织，不能与外界联系，希望路易斯不要再来打扰他和露西。挂断电话后，路易斯觉得该男子很可疑，于是立刻跑到警察局将此事告诉了警察，并恳请警察立刻展开调查，她很担心露西的安危。但警方并未重视此案，因为当时有许多外国女性非法在日本工作，也经常会出现失踪女性和日本富豪私奔的情况。

不同于警方，路易斯很担心露西的安危，就将露西失踪的事情告诉了她的家人。露西的家人将她失踪的消息透露给了英国当地媒体，许多英国大媒体，例如 BBC、《每日电讯》、《泰晤士报》、《卫报》等也对露西的失踪进行了报道。露西的失踪在英国得到了许多人的关注，就连英国首相布莱尔也得知有个英国女子在日本失踪了。

2000 年 7 月 22 日，英国首相布莱尔前往冲绳参加 G8 峰会，在会上布莱尔向日本首相森喜朗提及了露西失踪的事情，并表示希望日本警方能重视起此事。森喜朗根本没听说过此事，只能向布莱尔承诺在峰会结束后，会督促警方展开调查。7 月底，G8 峰会结束后，森喜朗立刻向东京的警察总监询问了此事，露西的失踪也因此得到了警方的重视。

警方认为露西要么是自愿和人离开，要么是被人诱拐走了。警方在调查了露西名下的存款和信用卡等交易信息后，发现露西自失踪那天起就没有进行过任何交易。路易斯向警方透露，露西在消费的时候通常都会选择刷卡，身上有时也会携带一些现金，但金额不会太多，根本无法应付长期旅行。警方由此推测，露西自失踪起就被人控制住了，极有可能已经遭遇不测。于是警方开始搜集东京从 7 月 1 日起出现的各种死亡、重伤事故信息，还留意了被发现的无名尸体，但还是没有找到露西的下落。

8 月中旬，警方开始进行排查工作，对凡是和露西接触过的人都一一进行了排查。露西来到日本还不到两个月，社会关系非常有限，除了路易斯外，所接触的人只有酒吧的同事和客人们。

经过几周的排查，警方终于锁定了一名嫌疑人，他名叫织原城二，是一家房地产物业公司的社长，之前有过性骚扰的前科。

2000 年 8 月 20 日，露西的父亲蒂姆·布莱克曼和妹妹索菲在申请到日本签证之后来到了东京，并公开表示愿意提供 1 万英镑悬赏，希望知情人能主动与他们联系，提供露西的下落。后来，蒂姆将悬赏金额提升到 10 万英镑。

与此同时，许多媒体开始报道露西失踪的消息，有些媒体猜测露西很可能是被日本的黑社会给拐卖了，有的媒体甚至爆料说露西被贩卖人体器官的组织给拐走了。由于露西迟迟没有消息，各个媒体开始朝着猎奇的方向进行推测。

2000 年 9 月 20 日，警方召开了第一次媒体见面会，在见面会上公布了许多重要信息，例如已经锁定了重要嫌疑人织原城二。按照以往的惯例，警方只会在掌握了充足证据的情况下才会对外公开嫌疑人的名字和信息，警方的此举让许多媒体猜测警方已经确认织原城二就是犯罪嫌疑人了。第二天，织原城二的名字就出现在了各大媒体的头版头条上，而织原城二本人在得到消息后选择躲避在自己位于神奈川县逗子市的豪宅内闭门不出。

2000 年 10 月 3 日，警方收到了一封用打字机打出来的信，署名是露西·布莱克曼。信中还有 1 万美元的现金，露西在信中说她已经离开了日本，希望警方能帮她把这些钱还给债主们，露西还专门列下了一个欠款名单，上面写着人名和金额。警方怀疑这封信根本不是露西所写，而是织原城二为了迷惑警方耍的小花招。

2000 年 10 月 9 日，织原城二被警方以猥亵、非法拘禁的罪名强制逮捕。织原城二在看到警察后，还试图进行最后的抵抗，他说警察私闯民宅。最后织原城二在看到警方所出示的逮捕证和搜查证之后，就放弃了抵抗，任由警察将他带上警车。

　　警方在搜查织原城二的豪宅时发现了大量的成人录像，多达四五千部，而且警方发现这些录像中有 400 多部是织原城二自己拍摄的，里面的内容多是织原城二对昏迷中的女子进行性侵，警方怀疑受害女子应该是被麻醉剂迷晕了，然后遭到了织原城二的强奸，而织原城二则将整个过程都拍摄了下来。

　　每段录像都是以织原城二的个人演说开始，他会对着镜头说，受害女子是为了金钱才出卖自己的肉体，通过性魅力去控制男人，而他要做的就是通过性来征服女人，以达到报复的目的，他决定通过征服各种肤色、人种的女人，让所有的女人知道只有男人才是真正的胜利者。之后织原城二就开始对女子实施性侵。

　　警方在对录像中的受害女子进行辨认的时候遇到了很大的困难，织原城二在拍摄的时候没有注意环境光线的问题，有许多受害女子的面容根本看不清，最终警方只辨认出了大约 150 名受害女子。在这些受害女子中警方发现了一名白种人女性，但她不是失踪的露西，而是卡瑞塔·瑞吉维。

　　卡瑞塔于 1992 年 2 月 25 日在东京失踪，4 天后卡瑞塔的裸尸出现在神奈川县三浦市的一家医院门口。在尸检中，法医发现卡瑞塔因吸入过量的氯仿而亡。氯仿是一种麻醉剂，由于使用起来较为安全，许多医院都会在手术中使用氯仿。但氯仿并不是绝对的安全，如果大剂量使用会导致一个人出现急性肝脏坏死、心律不齐等症状，如果不及时抢救会导致死亡。许多犯罪分子为了控制被害人，会在绑架、强奸中使用氯仿。卡瑞塔显然是被人杀害的，但当时警方所掌握的线索十分有限，这件命案就被搁置起来，直到 8 年后警方才找到了杀害卡瑞塔的凶手，警方还在织原城二的豪宅中发现了大量的氯仿、大麻、吗啡等麻醉药物。

录像带和麻醉药物均属于重要证物，除了可以证明织原城二犯下绑架、迷奸罪外，还可以证明露西的失踪和他密切相关，他极有可能就是杀害卡瑞塔的凶手。在审讯中，对于警方的指认，织原城二统统否认，他说那些录像带并不能证明他在强奸，他在拍摄录像带之前经过了女子的同意，那些女子看起来昏迷不醒，实际上只是在装睡而已。

3天后，警方接到一个匿名报警电话，报警者是个公寓管理员，就在织原城二所居住的公寓工作。在7月5日这天，管理员按照惯例对公寓住户挨户进行煤气泄漏报警器检查，在检查到织原城二的公寓时，遭到了对方恶劣的拒绝。在当天晚上，管理员就注意到织原城二拿着一把铁锹出门了。警方根据管理员所提供的地址查到，织原城二的确在神奈川县的三浦市海边有套公寓。

之后，警方在对该公寓进行搜查的时候在浴室发现了血液的荧光反应，血型恰好与失踪的露西相符合。警方怀疑织原城二在这里杀害露西后，就在浴室里处理了露西的尸体，事后用清洁剂对浴室进行了清洗。由于清洁剂的干扰，警方只能检测到血液残留物的血型，而无法进行DNA鉴定。根据公寓管理员的证词，织原城二一定在这栋公寓附近的海边进行了抛尸，于是警方立刻派出警犬搜查队搜索露西的尸体，但毫无所获。

2000年10月27日，织原城二再次被警方逮捕，这次的罪名是猥亵未遂。在3天前，警方接到一名加拿大女性的报警电话，她告诉警方自己在和织原城二喝酒的时候突然失去了意识，等她清醒时发现自己正在织原城二的车上，她看向窗外发现汽车正朝着海岸行驶，她突然觉得很害怕就开始拼命反抗，织原城二被迫停车，她则利用这个机会从车上跳下逃走了。作为证人，这名女子到警察局当面指认了织原城二。面对证人，织原城二只能认罪，但他只承认自己在酒中投放麻醉剂，想要将对方带回自己的公寓，其他的一概否认，还说自己根本不认识露西，露西的失踪和他毫无关系。织原城二在被拘留了几天后，再次获得了自由。

2000 年 11 月 17 日，东京地方检察院以强奸罪对织原城二再次实施抓捕，在搜查织原城二的一处住所时，警方发现了一些女性的毛发，之后警方从露西家人那里得到了露西的毛发样本，并将两者送去进行 DNA 鉴定。

2000 年 12 月 14 日，织原城二因多项强奸罪接受审判，在法庭上织原城二否认了所有的指控。12 月 31 日，织原城二再次接受审判，这一次出庭的证人一共有 5 名女子，其中外国女子 3 人，日本女子 2 人。这 5 个证人共同指证，她们均被织原城二用麻醉剂迷晕后带到酒店或公寓，然后就在昏迷中遭受了性侵。

之后，织原城二又一次接受了审判，这次的罪名是强奸致死，警方向法庭递交了织原城二对卡瑞塔实施性侵的录像带，这是一件十分重要的证物。在法庭上，织原城二表现得十分冷静，他说自己只是在和卡瑞塔发生性关系，既没有强奸她，更没有将她麻醉。随后警方递交了另外一份证物，即卡瑞塔的尸检报告，法医在她的体内检测到了麻醉剂的成分。对此，织原城二说他没有诱使或强迫卡瑞塔服用麻醉剂，就算她的体内有麻醉剂的成分，也不能说明他让卡瑞塔服用了麻醉剂。

与此同时，警方正在全力搜查露西的下落，但一直没有发现露西尸体的踪迹，直到 2001 年 2 月 9 日，警方接到一个匿名电话。匿名报警者提供了一个地点，即三浦市海边的洞穴。警方在经过几个小时的搜寻后，终于找到了一个可疑的洞穴，并挖出了一个浴缸，浴缸里是一具被肢解的女尸，而且是位白人女子。后经证实，女尸正是失踪的露西。3 月 3 日，露西的尸体被送往英国下葬。

　　警方在进一步的调查中发现，织原城二名下的一处仓库中有许多电锯、水泥等可疑物品，还有 7 月 2 日大量购买干冰的单据。警方怀疑，露西被害后织原城二担心尸体腐烂的气味会引人怀疑，于是就购买大量干冰防止尸体腐烂。而电锯、水泥之类的物品应该是织原城二肢解、处理尸体时所使用的。对于这些证物，织原城二辩解说，他的宠物狗在 7 月份突然死了，为了保存遗体所以才购入了大量的干冰，至于水泥是帮一个生意伙伴购买的。

　　2006 年 8 月，织原城二因杀害露西接受审判。为了逃避出庭受审，织原城二将衣服脱光躲在看守所里拒绝上庭。之后，织原城二为了求得露西父亲蒂姆的谅解，向他支付了 150 万美金，蒂姆也接受了。

　　2007 年 7 月 24 日，织原城二在东京地方法院接受审判，这一次他除了要面临多项强奸指控外，还要因杀害卡瑞塔和露西受审。最终织原城二因杀害卡瑞塔被判处终身监禁。至于谋杀露西这一指控，法庭认为证据不足，所以宣判罪名不成立。对此露西的家人表示，他们不会接受这一结果。织原城二也不接受这一结果，他认为自己是完全无罪的。

　　2008 年 7 月，警方在调查时发现织原城二曾在 1994 年以卡瑞塔朋友的名义给了卡瑞塔家人 100 万美金。对此织原城二表示，这只是为了表达歉意所支付的道歉金，并不能证明他就是杀害卡瑞塔的凶手。

2008 年 9 月，逗子市的警方在检查以往的报警电话录音时发现了织原城二打来了求救电话。织原城二在电话中显得很慌张，还说有人因过量服药快要死了。警方怀疑织原城二在打电话报警的时候，露西已经渐渐失去了生命迹象，织原城二发现露西死了，所以就匆匆挂断了电话。

2008 年 12 月 17 日，织原城二在东京高级法院接受审判。法官认为检方所提供的证物都是间接证据，无法直接证明织原城二就是杀害露西的凶手，但织原城二明显对露西的尸体进行了损毁和遗弃，因此维持终身监禁的原判。织原城二继续提起上诉。在 2010 年，日本最高法院作出了最终判决，维持了之前的判决结果。随后，织原城二被送往东京的小菅监狱中服刑。

1952 年，织原城二出生于大阪，原名金圣钟，父母均是韩国移民。织原城二的父亲起初只是一名出租车司机，还是韩国黑社会团体在大阪的一员，经常去收保护费。由于家境贫寒，织原城二的童年过得十分艰辛。

后来，织原城二的父亲借助黑社会势力抢占了一片空地，这片空地在第二次世界大战中遭受空袭后就成了一片荒芜之地。随着土地的升值，织原城二的父亲一下子变成了富豪，织原城二的生活也因此得到极大的改善，他被父亲送到私立小学读书学习，之后顺利进入私立中学、庆应大学附属高中，未来一片大好。

1969 年，17 岁的织原城二经历了一场巨大的变故，他的父亲突遭惨死，被人捆绑住双手双脚后扔到海里，后来尸体在中国香港维多利亚港被人发现，据说他的父亲当时卷入了黑帮的一场阴谋中才惨遭毒手。父亲死后，织原城二继承了价值 1 亿美元的遗产。

之后织原城二就不再和韩国亲属们联系，还去整形外科医院进行了整容。高中毕业后，织原城二进入庆应大学学习，并加入了日本国籍，将金圣钟改为织原城二。从 1973 年起，织原城二就开始了奢靡的生活，除了购房和买豪车外，织原城二还热衷于赌博和到东京高级俱乐部消费，尤其爱去白人女子陪酒的高档酒吧，甚至还以投资电影的方式追星。在陪酒女中间，织原城二是个很受欢迎的客人，他不仅年轻英俊、多金，还十分温柔体贴，经常送礼物给陪酒女。

到了 20 世纪 80 年代，父亲遗留下的巨额遗产被织原城二挥霍了一半多，他开始想办法赚钱，他用手中的钱购买了大量的东京周边闲置土地。到了 90 年代，这些土地开始变得值钱起来，价值将近 4 亿美金。尝到甜头的织原城二继续大量购入土地。在经济危机来临时，织原城二名下的土地开始大幅贬值，织原城二不仅赔光了所有的财产，还背上了将近 1 亿美元的债务。

负债累累的织原城二还保持着原来的奢侈生活，为了维持这种生活，织原城二开始为黑社会团体洗钱。

1999 年起，织原城二开始屡屡触犯法律，因酒驾、在公厕偷拍女子、猥亵女子被警方拘留。其实织原城二经常诱骗一些陪酒女到自己的豪宅内，将其迷晕后进行性侵。只是织原城二从未因此受到指控，因为被害人都是陪酒女，而织原城二是个精英阶层的有钱人，如果她们指控织原城二性侵害，那么最后极有可能会变成一场闹剧。而且这些受害女子在遭受性侵的时候，都处于昏迷之中，清醒后对所遭受的一切都毫无印象。

卡瑞塔和露西就是在织原城二的诱骗下来到了他的豪宅，但织原城二在下药的时候没有掌握好剂量，卡瑞塔和露西因此昏迷不醒乃至死亡。卡瑞塔当时是昏迷了两天，等织原城二意识到对方有生命危险后才急忙将她扔到医院门口，只是那个时候卡瑞塔已经没了生命迹象。

在露西被害后，织原城二专门购入了大量的干冰，将尸体冷藏起来，防止尸体腐烂产生气味。之后，织原城二用电锯对尸体进行了简单的肢解，肢解成8块。就在织原城二准备将尸块放到铁桶中、灌进水泥进行掩埋之际，公寓管理员突然前来查看煤气泄漏报警器，织原城二只能罢手，并决定采取另一种处理尸体的方式，在深夜时分将尸体掩埋在海边的洞穴内，之后为了避免引起怀疑，他从三浦市海边的公寓搬了出去。

## 【缺陷人格】

织原城二与犯罪（反社会）人格者不同，犯罪人格者在强奸和杀人时常常带着仇恨，通常会带有暴力倾向，例如虐待被害人，而且这种暴力倾向极有可能会升级为杀人。犯罪人格者由于遭受过严重的情感挫折，例如从小被父母虐待，所以没有正常人的情感，会为了满足自己的性欲而轻易杀害无辜女性。织原城二在性侵被害人的时候，没有选择暴力的手段，他用麻醉剂将被害人迷晕，然后实施性侵。如果换作是犯罪人格者，一定会采取暴力手段使对方屈服，会从强奸中获得兴奋感，对方痛苦、害怕的表情就是他想要看到的。

织原城二属于缺陷人格，这是一种后天形成的人格障碍，具有正常的情感。缺陷人格者通常在一个正常的家庭中长大，不论物质还是情感都不匮乏。而犯罪人格者的童年通常饱受贫困、暴力的折磨。缺陷人格者之所以与正常人不同，是因为他所接受的物质和情感太多了，以至于形成了以自我为中心、任性冲动的行为习惯，具体表现就是唯我独尊，认为所有的人都应该以他为中心、顺从他的意愿，因此缺陷人格者很容易出现各种违法行为，甚至是犯罪。

　　织原城二的父亲突然之间暴富，从那以后他就过上了富裕的生活，他的父亲会满足他的一切要求。在 17 岁时，织原城二的父亲突然去世，他得到了一笔巨额遗产，他可以任意支配这些钱，用这些钱来满足自己的任何欲望，于是他形成了唯我独尊的认知，会为了满足自己的欲望将陪酒女迷晕。在卡瑞塔因服用过量麻醉剂死亡后，他不仅没有悔改，而且继续使用麻醉剂性侵陪酒女，最后导致了露西的死亡。在织原城二看来，这些女子就应该满足他的性欲，他也从不认为自己的行为是在犯罪。

　　缺陷人格者在人生早期通常表现得很正常，和所有正常人一样，能正常展开人际交往，情感反应也与正常人无异。但随着年龄的增长，尤其是在青春期以后快要成年时，缺陷人格者的问题开始显现，从而出现犯罪行为。织原城二在高中毕业前，没有出现任何违法行为，但他后来便开始出现酒驾、猥亵女性等违法行为，最后出现了性侵、性侵致死的犯罪行为。

　　缺陷人格者在实施犯罪的时候，带有机遇性的特点，他的目的只是获得性满足，没有剥夺对方生命的想法。但缺陷人格者并非不会杀人，如果在特定的情境下，缺陷人格者就会出现杀人行为。织原城二的目的只是将女子迷晕后实施性侵，从而达到征服女人的目的。但在给卡瑞塔和露西下药时，剂量过大导致了对方死亡。

# Criminal Psychology

不断升级的犯罪——

## 马克·埃林·拉斯特

2001 年 8 月，澳大利亚南部阿黛莱德的警方接到一起失踪案，失踪者是来澳大利亚留学的日本学生铃木惠，她在 8 月 3 日与家人、朋友失去了联系。当时警方认为铃木惠一定是故意失踪，很可能与一名男子私奔了，由于害怕此举会让家人蒙羞，就故意躲了起来。除了警察外，铃木惠所在学校也组织志愿者去寻找她，这些人努力了好长时间，都没能找到铃木惠的下落。

好几个月后，奥古斯塔港监狱传来消息，犯人马克·埃林·拉斯特极有可能是杀害铃木惠的凶手。拉斯特在服刑期间，曾向狱友吹嘘自己的杀人经历，他说自己杀死了一个日本留学生，还将她的尸体扔到了垃圾桶里。铃木惠的尸体一直没有被人发现，警方怀疑她的尸体早已被运送垃圾的汽车运到了垃圾堆点。在之后的一段时间内，大批的警察和志愿者开始在堆积如山的垃圾场里寻找铃木惠的残骸。

铃木惠在来阿黛莱德留学前，曾在东京认识了一个澳大利亚的年轻男子，两人关系不错，于是铃木惠就来到了阿黛莱德。或许是因为有熟悉的朋友在这里，铃木惠很快就适应了在阿黛莱德的生活，会在夜晚去酒吧参加一些派对。

8 月 3 日的晚上，铃木惠独自去了一趟伦德尔商场，从商场出来后她就在加油站的服务区购买了一张手机卡，她还试图给朋友打电话，打了好几次电话对方都未接听，铃木惠只好放弃，准备搭乘公交车回学生公寓。

此时的铃木惠早已被拉斯特盯上了，他是个出租车司机，专门在晚上利用职务之便寻找落单的年轻女子，而且当时天色已晚，路上没有任何行人，对于拉斯特来说是绝佳的下手机会。

拉斯特趁着铃木惠不备袭击了她，并强行将她拖到了加油站后面的荒地。之后拉斯特准备强奸铃木惠，并命令她不要回头看他。铃木惠或许是听错了，就回头看了一下拉斯特，或许正是这个举动，让拉斯特决定杀死铃木惠。最后拉斯特随手拿起一块石头将铃木惠砸死，并扔到了垃圾桶里，而铃木惠的尸体一直没有被找到，拉斯特继续自由地在街上寻找"猎物"。

一天晚上，拉斯特开着车在佩纳汉姆地区的肯辛通路上兜转的时候，发现一个女人独自在一家商店值班，于是他决定对这个女人下手。拉斯特戴上一个面罩后走了进去，他先切断电源和电话线，然后用刀子威胁女子不要吭声、蹲下来、将衬衫脱掉。女子看到了拉斯特手中的刀子，她知道自己不是拉斯特的对手，就开始尽可能地配合拉斯特，完全服从拉斯特提出的任何要求。或许是这名女子很听话，拉斯特没有杀死她，而是将她放走了。在逃离前，女子还注意了一下出租车的车牌号并记在心里。

获得自由后，女子立刻报了警，并将拉斯特的车牌号提供给了警方。警方很快就通过车牌号查到了拉斯特的身上。拉斯特在警察局留有大量的案底，通常都是性骚扰案，他从青少年时期起就有暴露自己生殖器的行迹，警察们对他都很熟悉，只是觉得他是个性骚扰者，但这次的案件说明拉斯特已经不单单满足于暴露自己的生殖器，他的犯罪行为升级了，从一个性骚扰者变成了一个性侵者。于是拉斯特因性侵的罪名被警方逮捕，并被送进监狱。

拉斯特所服刑的监狱奥古斯塔港在阿黛莱德的最北部，距离他的家乡很远。他被允许携带一些个人物品，拉斯特则选择了一个 CD 播放器，而这个CD 播放器就是他在杀死铃木惠后从她的包里拿来的，并被他当作战利品保存起来。在监狱中，拉斯特会时不时地用 CD 播放器听歌，还会向狱友吹嘘自己杀死铃木惠的过程。狱友很惊讶和恐惧，于是就报告了此事，监狱方立刻重视起来。CD 播放器上的序列号可以证明这是铃木惠所有，而且购买地是东京。

铃木惠并不是拉斯特杀死的第一个人，他第一次杀人是在 1999 年 4 月 12 日的夜晚，被害人是一个名叫玛雅·亚基奇的女人。在此之前，拉斯特只是一个性骚扰者，会尾随年轻女子，趁其不备突然跳出来暴露自己的生殖器。

拉斯特患有克莱恩费尔特综合征，也称为先天性睾丸发育不全。克莱恩费尔特综合征简单来说就是男子多了一条 X 染色体，男性的染色体通常为 XY，而克莱恩费尔特综合征患者的染色体是 XXY，具体表现就是生殖器小、臀部浑圆，尤其在青少年时期特征更为明显。对于此类患者来说，这些特征会给他们的生活带来许多尴尬，他们会想尽办法来掩盖自己的这些特征，但拉斯特却丝毫不准备隐瞒自己的状况，还到处进行炫耀，例如在公共场合对异性暴露自己的生殖器，后来发展成当众自慰。

从 13 岁起，拉斯特和所有的男孩一样开始对镇上的年轻女孩感兴趣，并开始有性幻想。但拉斯特与普通男孩不同，他会尾随女孩。对于普通男孩来说，对女孩进行性幻想是一种非常正常的现象，但跟踪女孩的行为却很少见，因为这是一种非常具有威胁性的行为，会让被跟踪者觉得危险。后来拉斯特开始暴露自己的生殖器或者表演自慰，他很享受这种性行为所带来的刺激，尤其是看到受害者脸上的惊恐和厌恶表情时，刺激感会更加强烈。

拉斯特屡次因性骚扰被警方逮捕，警察们都觉得他的精神有问题，于是就把他送到阿黛莱德皇家医院进行精神检查。专家在和拉斯特进行了数次面谈后，觉得拉斯特在将生殖器暴露给女性看的时候，会从她们的反应中获得喜悦感，这也可以说明拉斯特对她们缺乏同情，不然他不会从自己所制造的震惊、恐惧反应中得到快乐。拉斯特对女性的态度是憎恶的，他虽然有过几个女友，还和她们约会过，一旦拉斯特和对方结束了男女朋友关系，他就会开始憎恶对方。

除了性骚扰案件外，拉斯特还在 1993 年犯下了一起严重的纵火案，他纵火的地点是阿黛莱德肯辛通地区，一共造成了 50 万澳元的损失。在因纵火罪服刑期间，拉斯特一直和哥哥史蒂芬保持着通信。在信中，拉斯特提到了自己所犯下的性骚扰案件，但却从未表达对受害者的愧疚，他只是在不断强调自己的感受，自己如何在性骚扰案件中获得喜悦感和刺激。

玛雅在遇害的当晚，心情很糟糕，她有暴食症，和父母的关系非常紧张，在不久前和父母大吵了一架后就离开了家，搬到了格莱内尔格，由于无钱租房，玛雅只能睡在海滩上。

当时玛雅正在潘纳汉姆路上散心，拉斯特立刻注意到了玛雅，他将车停在玛雅身边，并提出搭载她一程。玛雅没有理会，继续向前走着。拉斯特气急了，就开车超过玛雅，然后停车，从车上走下来，突然回身朝着玛雅走去，在接近玛雅后，拉斯特像往常一样突然露出自己的生殖器。拉斯特本以为玛雅会惊恐和愤怒，谁知玛雅却看着他的生殖器大笑起来，似乎在嘲笑他。

玛雅的反应立刻激怒了拉斯特，他朝着玛雅扑了过去，并将玛雅拖到了废弃警察局旁的灌木丛中，他想要强奸玛雅。这是拉斯特第一次对女性进行实质性的攻击，在此之前他只是骚扰女性。拉斯特是个出租车司机，对附近的街道十分了解，知道附近有个荒废了许久的警察局，而且没有安装摄像头，还有许多阴暗的区域，开车经过的人根本看不到阴暗区域里发生了什么。

就在此时，拉斯特尴尬地发现他无法勃起，这让拉斯特恼羞成怒，于是他杀死了玛雅，并用树叶、树枝掩盖住玛雅的尸体。

在那天夜晚，阿黛莱德应急站接到了一个匿名的报警电话，报警者就是拉斯特。拉斯特说，他发现废弃警察局的灌木丛里好像有个女人一动不动地倒在那里，就像一具尸体。警察立刻按照拉斯特指示的地点展开搜查，但他们没有发现玛雅的尸体。于是拉斯特只好开车去了阿黛莱德皇家医院，并在附近的电话亭拨打救护车的电话，告诉救护人员有个女人需要救助。但玛雅的尸体依旧没有被发现。

这通报警电话被录了下来，拉斯特的声音也成了破案的关键。当拉斯特因性侵罪被捕入狱后，负责玛雅被害案的警察公布了这段录音，希望公众能为警方提供线索。拉斯特的哥哥史蒂芬当时刚刚回国，他通过看新闻听到了这段录音，他觉得这个声音就是拉斯特的，于是报警举报了拉斯特。

在杀死玛雅后的几天，拉斯特发现警方还没有发现玛雅的尸体，于是就想主动向警方报告尸体所在地。他写了一张纸条，然后将纸条压在巡逻警车的雨刷下面。巡警发现纸条后，立刻按照上面的地点进行搜查，于是就发现了玛雅的尸体，而纸条也成为日后指证拉斯特的关键证物，专家证实纸条上的字迹与拉斯特的字迹相吻合。

第一次杀人后，拉斯特就迷上了杀人所带来的刺激，他开着出租车在街上到处寻找落单的女性，会重点观察在公交站等待巴士的女性。一天夜晚，拉斯特注意到有个女人停了车，然后从车上下来去使用自动取款机，拉斯特就尾随在她身后，突然跳到女子的面前露出自己的生殖器，在女子震惊的时候抱住了她。

　　幸运的是，这名女子用力挣脱了拉斯特的控制，并迅速回到车里，将车门关上，倒车离开了。回到家后，女子将自己的遭遇告诉了男友，在男友的陪同下她来到警察局向警察说明情况。于是拉斯特因袭击罪被捕。但拉斯特并没有在监狱待多久就被放了出来，之后他继续当出租车司机，伺机寻找落单女子，于是铃木惠被他杀害。

　　最终拉斯特因谋杀玛雅和铃木惠被判处两项终身监禁，还有一项强奸罪被判处 12 年监禁。在听到这一判决结果时，拉斯特显得很平静，没有任何情绪波动。在监狱里，拉斯特是个难于管教的犯人，好斗而暴力。2015 年，拉斯特申请假释，他在申请报告中表示，自己已经上了受害者移情课，已经对所犯罪行感到后悔，应该被假释出狱。但主持听证会的法官却认为拉斯特会对社会产生威胁，拒绝了他的假释申请。

## 【具有报复指向的犯罪】

　　拉斯特患有克莱恩费尔特综合征，不论是小的生殖器还是浑圆的臀部，对于拉斯特来说一定是尴尬的，这些特点削弱了他的男性特征，但他却无法改变，于是当他因此受到外界的嘲笑时，一定会将所有的原因归结到他人身上。拉斯特曾交往过几任女友，但最终都分手了，他的女友们一定发现了他的克莱恩费尔特综合征，甚至可能还嘲笑了他，所以拉斯特才会憎恨女友。他无法让自己从外形上变得更具有男性特征，于是就只能将错误归结到女友身上。当一个人将自己所遇到的问题的原因都归结到他人身上时，他就很容易对他人产生愤怒和仇恨。

　　拉斯特的暴露癖也有报复的嫌疑，他屡次因克莱恩费尔特综合征在女人那里遭受挫折和失败，所以拉斯特就将生殖器暴露在一些女人面前，然后欣赏她们的惊恐和厌恶，并从中感受刺激和兴奋。

拉斯特在盯上玛雅时，提出了要搭载对方一程，却被玛雅拒绝了。对于拉斯特来说，这种拒绝应该十分常见，但他却被激怒了，他不觉得自己的要求是无礼的，他只觉得玛雅冒犯了自己，他将所有的责任都推到玛雅身上。于是拉斯特报复性地在玛雅面前展示自己的生殖器，他想看到玛雅的惊恐表情，这样能达到报复的目的，但玛雅却嘲笑了他。

拉斯特报复的目的不仅没达到，反而怒火中烧，他强行将玛雅带到废弃警察局的灌木丛中，他想通过强奸给玛雅制造痛苦，但他的目的依旧没达到，他无法勃起，拉斯特再次遭到了玛雅的嘲笑。这种接连的刺激让拉斯特产生了十分强烈的报复念头，他杀死了玛雅。

拉斯特并未因杀人而感到愧疚，因为他觉得这是合理的，他是在教训玛雅对自己的嘲笑，让她感受一下自己的痛苦。其实拉斯特从未对自己进行过审视，他将所有的责任都推给其他人。例如拉斯特在写给哥哥史蒂芬的信件中，一直在强调自己的感受。

在杀死铃木惠时，拉斯特本来是命令铃木惠不要回头，但铃木惠听错了，就回头看了他一眼。这显然不是一种冒犯，但在拉斯特的眼中却并非如此，他一定觉得铃木惠是在挑衅，于是他决定杀了她，然后将她的尸体像丢垃圾一样扔到垃圾桶里。

拉斯特的被捕是因为一名女子的报案，在性侵该女子前，拉斯特已经杀死了两个女人，但他却没有杀死这名女子，因为女子完全配合了他的性要求，在整个过程中拉斯特没有觉得自己被冒犯，于是就放走了她。

对于一个正常人来说，在遇到麻烦和挫折的时候，通常会从外部和自身寻找问题。但在具有报复指向的罪犯那里，他会将个人所经历的失败和痛苦统统归结到外部和他人身上，让他人来承受自己的愤怒和仇恨。他从不觉得这是错误的，甚至是在犯罪，他自认为这很合理，他只强调和在乎自己的感受，哪怕是再小不过的事情也会激起冲天的怒火，为了让对方也体验一下自己的痛苦，他会教训对方，而教训的方式极有可能就是杀人。

# Criminal Psychology

为夫猎艳杀人的孕妇——

## 富尔尼雷和奥利维尔

2003 年 6 月 26 日，法国和比利时交界处的西尼小镇上发生了一起绑架未遂案，被害人是一个只有 13 岁的女孩，名叫玛丽。绑架者是个身材消瘦、戴着一副眼镜、面相斯文的男子，名叫米歇尔·富尔尼雷。

富尔尼雷主动将车停在玛丽身旁，并提出搭载她一程。一个陌生男子突然提出这种要求让玛丽觉得很危险，她拒绝了富尔尼雷，并大声斥责富尔尼雷，让他离自己远一点。富尔尼雷直接从车上下来，他想要强行将玛丽带上车，玛丽想逃走，却仍然被富尔尼雷抓到车上。富尔尼雷将玛丽的双手捆绑起来后，就将她丢在了货车后面的车厢里，然后开车离开。

在汽车行驶的过程中，玛丽不停地用脚狠踹货车的后门，后门渐渐开始松动，并被玛丽踹开，她从后车厢掉了下来，正好有一辆车注意到了玛丽，汽车的司机将车停下来。富尔尼雷在察觉到玛丽逃走后，立刻停车想将玛丽重新抓回来，但当他看到玛丽已经被一名司机救下后立刻仓皇逃走，而玛丽和那名司机则记下了富尔尼雷的车牌号，并将车牌号告诉了比利时的警方。

与此同时，警方怀疑富尔尼雷与 2000 年 2 月发生在比利时热迪讷火车站附近的一起绑架未遂案以及 1993 年年轻保姆失踪案有关。

在审讯中，富尔尼雷口风很紧，丝毫不肯承认自己是个连环杀手，只承认他绑架了玛丽。富尔尼雷的妻子莫尼克·奥利维尔也被警方当作重要嫌疑人逮捕并审讯。在 2004 年 6 月底，奥利维尔开始向警方透露，富尔尼雷杀死了家里的年轻保姆，当时她发现丈夫与这个女孩有奸情，富尔尼雷为了让女孩闭嘴就勒死了她，而且富尔尼雷还杀害了其他 8 名年轻女子。

奥利维尔会主动透露实情，是因为她得知比利时连环杀手马克·迪特鲁（被称为"比利时头号杀童恶魔"，因绑架和强奸 6 名少女并杀害其中 4 人被捕）在 6 月 22 日被判处终身监禁，而他的前妻则因协同绑架等罪名被判处 30 年监禁。奥利维尔担心她会像迪特鲁的妻子一样因协同犯罪被判处重刑，她希望自己的主动坦白能争取到宽大处理的机会。

20 世纪 60 年代，24 岁的富尔尼雷因猥亵一个女孩被警方逮捕，并被判处 6 年监禁。在此期间，富尔尼雷接受了一名精神病专家的精神鉴定和治疗，专家认为富尔尼雷能通过治疗而变成一个正常人，显然专家的这个结论错得离谱，富尔尼雷不仅没有避免再次作案，反而在出狱之后展开了长达 18 年的变态杀人之旅，至少有 8 名女孩被他杀害。

在长达 6 年的监狱生活中，富尔尼雷表面上已经改好，实际上一直在策划完美的作案方法。他和许多罪犯一样会在犯罪后进行总结，让自己的作案手段一步步趋于完美，避免再次被警方逮捕。富尔尼雷认为，如果他能找一个女性同伙，让一个女人和自己一起犯罪，那一定能躲过警方的怀疑。

这是一个相当狡猾的作案方式，不仅可以使被害人放松警惕、轻易上钩，还能避开警方的调查。对于一些年轻女孩来说，一个陌生男人主动提出搭载一程或者向她求助，她一般不会同意，警惕性会很高，但如果是一个女人或一对夫妇，那么她的警惕性会大大降低，奥利维尔就扮演了一个诱饵的角色，轻易骗取被害女孩的信任。警方在案件调查中，锁定犯罪嫌疑人的时候很容易陷入一种思维误区，忽略掉那些有家庭的男人，因为稳定的工作和家庭是正常男人的标配，人们很容易忽视一切看起来正常的对象。

富尔尼雷通过在报纸上刊登广告的方式寻找女人，他的广告词写得很直白："我是一名囚犯，在监狱里生活得很寂寞，想和一个女人交往，如果有女人愿意和我交往，那就请与我联系。"

　　一个在监狱服刑的男人，对于绝大多数女性来说都是要远离的危险人物，但有一些女性会被这些散发着危险气息和充满风险性因素的男人所吸引，奥利维尔就是这样的女人，她主动与富尔尼雷联系，之后的几年内两人通过书信的方式沟通交往和谈恋爱，他们往来的信件中饱含着爱意和性。

　　在富尔尼雷出狱前，奥利维尔就与他结了婚。之前，奥利维尔有过两任丈夫，她的上一任丈夫马克是个虐待狂，曾虐待、伤害过奥利维尔，奥利维尔希望富尔尼雷能帮自己报仇，让马克尝一下被虐待的滋味，并杀死马克。作为交换条件，奥利维尔会帮他引诱一些可供侵犯的年轻女孩。

　　富尔尼雷出狱后，奥利维尔就与他一起搬到法国的奥赛尔地区居住，两人很快就实施了他们的首次犯罪，被害人是一名 17 岁少女，名叫伊莎贝尔·拉威尔。当时伊莎贝尔刚放学，正走在回家的路上，这时富尔尼雷已经盯上了她，他觉得伊莎贝尔一定是处女。富尔尼雷在挑选目标的时候，倾向于选择处女，他有处女情结。富尔尼雷认定伊莎贝尔后，就将车慢慢向她身边停靠。接下来，奥利维尔出马了。

　　奥利维尔亲切又热情地朝伊莎贝尔打了声招呼，然后开始询问小镇的加油站在哪里。伊莎贝尔觉得这对夫妻很和善，而且很有礼貌，她放松了警惕，开始和奥利维尔交谈，最后上了他们的汽车，她想亲自带他们去加油站。对于许多普通女孩来说，帮助一对和善的夫妇是一件再正常不过的事情，没有人会拒绝。一上车，富尔尼雷立刻制服了伊莎贝尔。伊莎贝尔在遭受强奸后，被富尔尼雷杀害。

　　尽管奥利维尔在被捕后一直声称自己是无辜的，是受到了富尔尼雷的胁迫，不得已帮他诱骗年轻女孩。但实际上，奥利维尔并非她所说的那么无辜，她扮演的是一个协助者的角色，不仅会帮助富尔尼雷诱骗年轻女孩，还会目睹整个过程，甚至还会在卧室和富尔尼雷一起实施整个谋杀过程，会在情景重现中从暴力和谋杀中体会到性高潮。在整个犯罪过程中，奥利维尔扮演着十分重要的角色，她的女性身份让被害人放松警惕，甚至主动上车，走进他们的谋杀陷阱中。如果没有奥利维尔的帮忙，富尔尼雷的谋杀行动根本无法进行下去。

伊莎贝尔失踪后，警方立刻接到了报案。当时警方怀疑伊莎贝尔被另一名连环杀手埃米尔·路易斯绑走了，因为埃米尔曾多次在伊莎贝尔失踪的地方作案。警方将埃米尔的画像贴得到处都是，希望人们能够提高警惕并提供伊莎贝尔失踪的线索。同一个地区一下子出现了两个连环杀手，这在法国是罕见的现象。直到 19 年后，伊莎贝尔的尸体才被人们发现，她的尸体就藏在法国一个接近奥赛尔的小村庄的井底。

后来，富尔尼雷和奥利维尔离开了奥赛尔，前往巴黎北部，他们要去国家森林公园里寻找宝藏。在服刑期间，富尔尼雷认识了一个名叫约翰·皮埃尔·赫洛葛罗奇的罪犯，两人成了好朋友，经常在一起聊天。在一次聊天中，约翰告诉富尔尼雷，他因抢劫银行入狱，他曾将抢来的金币全都藏在了巴黎北部的一处森林中。出狱后，富尔尼雷就一直惦记着这笔宝藏，他觉得只要找到这笔钱，自己的人生就会发生改变，于是他找到了约翰的妻子法丽达，与她结成同盟，一起前往森林中寻找宝藏。

为了和法丽达结盟，富尔尼雷让她相信只要找到宝藏，他一定会和她平分。但事实上，富尔尼雷根本不打算和法丽达共同享有这笔宝藏，法丽达于他而言只是一个寻找宝藏的工具，相当于一张活着的藏宝图。

在富尔尼雷和法丽达的努力下，他们终于在巴黎北部的国家公园里找到了金币。只是这些金币很难出手，两年后他们才在布鲁塞尔找到了一个买家，用金币换了 120 万法郎。此时的法丽达已经完全失去了利用价值，富尔尼雷开始计划着除掉法丽达。

富尔尼雷和奥利维尔将法丽达骗到了阿登高地一处荒凉的森林中，他们对法丽达说，要去那里分配财产。法丽达很信任他们两人，毫无防备地跟着他们来到了森林。奥利维尔开着车，富尔尼雷就坐在车后座上。突然之间，富尔尼雷用鞋带迅速地勒住了法丽达的脖子，法丽达一直不停地挣扎，富尔尼雷在制服法丽达的过程中口袋里的弹簧刀掉了出来。奥利维尔将弹簧刀捡起来，然后递给富尔尼雷，富尔尼雷用刀杀死了法丽达。之后，他们将法丽达的尸体丢弃在荒芜的森林中的某处，至今法丽达的尸体也没有被找到。约翰虽然也知道金币的下落，但却没有机会去寻找，因为他在出狱后不久又因一起不相干的罪行入狱。

后来，富尔尼雷和奥利维尔用这笔钱的一部分在阿登高地和比利时边境交界处的沙勒维尔梅济耶尔买了一座城堡。这座城堡名叫沙通城堡，地处偏僻，在一片密林和高山之中，周围也没有其他住户。对于他们两人来说，这座城堡是绝佳的作案场所，不会被人发现，还能轻易掩盖住被害人的尖叫声。

很快，奥利维尔就怀上了富尔尼雷的孩子，她渐渐被富尔尼雷掌控，即使富尔尼雷根本没兑现承诺，杀死她的前夫马克，她也会自愿满足富尔尼雷的全部要求，帮助富尔尼雷去犯罪。富尔尼雷全权掌握着奥利维尔，例如当两人一起去参加派对时，只要没他的允许，奥利维尔就不会开口说话。

此时的奥利维尔具有了更强的迷惑性，她是个孕妇，只要她开口向别人求助，几乎不会有人拒绝她。凡是有正常情感的人，都会对一名孕妇产生同情和保护欲。年轻的女学生法比叶娜·勒罗伊就陷入了奥利维尔的死亡陷阱中。当富尔尼雷在超市里看上法比叶娜这个目标后，奥利维尔就去引诱她上钩。

当时奥利维尔已经有了几个月的身孕，她挺着孕肚走到法比叶娜的面前对她说："我身体有些不舒服，你能不能带我去医院？"说着，奥利维尔指了指自己的汽车。其实这时富尔尼雷就蜷缩在汽车后座的下面，只要法比叶娜一上车，他就会立刻将其制服。法比叶娜没有拒绝奥利维尔这个孕妇，一步步走向了那辆死亡汽车。

富尔尼雷用绳子勒住法比叶娜的身体，法比叶娜在挣扎了一会儿后就因窒息渐渐昏迷过去。富尔尼雷立刻发动汽车离开了小镇。之后，富尔尼雷对法比叶娜实施了性侵，在欲望得到满足后，他就朝着法比叶娜的脑袋开了一枪。杀死法比叶娜后，富尔尼雷将她的尸体丢弃在森林的某处。如同一个连环杀手所说的那样，他已经品尝过糖的味道了，包装纸就没必要留着了。对于富尔尼雷来说，他的欲望已经得到了满足，法比叶娜就没必要留着，丢弃她的尸体就如同丢弃一张包装纸一样随意。

法比叶娜的突然失踪，自然引起了周围人的注意。但警方在接到这样的失踪案时显得有些束手无策，因为没有目击者看到法比叶娜和可疑者离开，警方甚至无法确定法比叶娜是否真的失踪了。毕竟法比叶娜是主动走上一名孕妇的汽车，并非被人胁迫。

几个月后，奥利维尔为富尔尼雷生下了一个儿子。小婴儿的介入，让两人的谋杀变得更加顺利。当一个人看到一辆车上有一对夫妇和一个小婴儿的时候，绝不会有警惕心，而且警察在调查案件的时候也不会怀疑到这样一个有着健全家庭的男人身上，更不会想到这对夫妇会带着自己的孩子一起去犯罪。

贞德·玛丽·德力斯穆特在一趟往来于巴黎和沙勒维尔梅济耶尔的列车上认识了富尔尼雷，她的座位距离富尔尼雷只有几英尺远。富尔尼雷在盯上贞德后，就主动与她攀谈起来。富尔尼雷在聊天中提到了自己的妻子奥利维尔，还说奥利维尔就在列车的终点站接他。富尔尼雷还提到自己有个年幼的儿子，他们夫妻二人总因为照顾他而手忙脚乱，一直打算找个保姆帮助他们夫妻一起照顾儿子。

贞德对眼前这个友好善谈的男人很有好感，立刻表示她可以胜任保姆一职。贞德是个很独立的女孩，经常独自一人外出旅行，她想通过照顾小孩赚一些零花钱。贞德的生活经验告诉她，眼前这个男人刚刚做了父亲，根本不会有任何危险。

列车到站后，富尔尼雷和贞德一起下车，贞德很快就看到了前来接站的奥利维尔。富尔尼雷对贞德说，他们可以搭载她一程。最初贞德拒绝了，她还要和几个朋友见面，不过她表示第二天一定会按照承诺到富尔尼雷家去。最终在富尔尼雷的坚持下，贞德上了汽车。

在汽车行驶的过程中，富尔尼雷的一个问题让贞德十分震惊，她开始害怕，并提出了下车的要求。富尔尼雷的问题是，贞德是否是一名处女。贞德在震惊后回答说她有男朋友。后来富尔尼雷突然对贞德发起了攻击，将贞德制服后，富尔尼雷就当着妻子、儿子的面强奸了贞德。在将贞德扼死后，富尔尼雷将贞德的尸体藏在了冰箱里。几天后，富尔尼雷将贞德的尸体搬出冰箱，埋到了城堡外的土里。

警方在接到贞德失踪的报案后，认为是连环杀手埃米尔绑走了贞德，还担心一贯在法国南部作案的埃米尔来到了北部。当时的法国出现了许多连环杀手，例如马克・迪特鲁就曾在富尔尼雷待过的地方杀害了6个女孩。

之后，富尔尼雷和奥利维尔开始越过边境线，到比利时境内寻找"猎物"，12岁的伊丽莎白・布丽吉特就是他们在比利时境内的那幕尔城内盯上的"猎物"。为了吸引伊丽莎白的注意，奥利维尔故意将只有几个月大的儿子弄哭。伊丽莎白被婴儿的哭声所吸引，并答应帮助奥利维尔哄哄大哭着的婴儿。

一上车，伊丽莎白就遭到了富尔尼雷的攻击。他们将伊丽莎白带回了城堡，富尔尼雷在强奸过伊丽莎白后并未立刻将她杀死，在留了她几日后才将她杀害，并将伊丽莎白的尸体埋在了城堡附近，直到 15 年后警方才找到伊丽莎白的尸体。

警方在接到伊丽莎白的失踪报案后，立刻展开调查。但没有目击者提供线索，也没有找到伊丽莎白的尸体，她就这么凭空消失了，最终毫无头绪的警方只能放弃调查。

11 个月后，娜塔莎·达丽思被这对夫妇盯上了，当时她正和妈妈一起逛超市，在和妈妈分开一会儿后，奥利维尔就出现在了娜塔莎的面前，她说自己的身体有些不舒服，希望娜塔莎能将她送到医院去。于是娜塔莎被奥利维尔哄骗到汽车里，在车里等待的富尔尼雷立刻用东西堵住娜塔莎的嘴巴，开车离开了。与之前的所有被害人一样，娜塔莎在遭受了性侵后被富尔尼雷扼死，她的尸体就被富尔尼雷丢弃在南斯附近的沙滩上。

3 天后，有人发现了娜塔莎的尸体。警方根据线索抓到了凶手，也就是娜塔莎的邻居比尔。最终比尔被送进了监狱，无辜入狱的比尔在暴怒之下杀死了两个人，这让警方更加确定他就是凶手。

1990 年之后很长一段时间内，阿登高地附近的警方都没有接到过失踪人口的报案，富尔尼雷似乎停手了。在 2000 年，富尔尼雷再次出手，他对奥利维尔说想要继续猎杀处女。这一次，富尔尼雷决定独自行动。

富尔尼雷在盯上 18 岁的学生席琳·塞松后，就主动上前搭话，他说自己不小心迷路了，希望席琳能帮助他。席琳上了富尔尼雷的车，然后富尔尼雷将车门反锁，并提出发生性关系的要求，还威胁说如果席琳不同意他就会将硫酸泼到她的脸上。富尔尼雷在强奸过席琳后，就勒死了她。

回到家后，富尔尼雷将杀害席琳的整个过程都告诉了奥利维尔，并向奥利维尔炫耀席琳的书包，还将书包里的所有东西都倒出来给奥利维尔看，好像在炫耀战利品一样。富尔尼雷告诉奥利维尔，这种单独捕杀的过程让他觉得很享受和满足。

富尔尼雷杀死的最后一名女性是个亚洲女孩，名叫马娜亚·桑彭，13岁。富尔尼雷在将马娜亚骗到车厢内后，就强奸并杀死了她，最后将马娜亚的尸体丢弃在附近的树林中。回到家后，富尔尼雷再次向奥利维尔吹嘘了这场成功的猎杀过程，他决定再次单独行动，这也导致了他的被捕。

2004年，富尔尼雷因8起谋杀罪和强奸罪被判处终身监禁且不得申请假释。奥利维尔被判处终身监禁，在28年后可以申请假释。

在富尔尼雷的罪行曝光后，他将所有的责任都推卸到母亲身上，他说自己会成为一个杀人恶魔，是因为小时候遭受了母亲的性侵和虐待。对此种说法，犯罪专家们均表示怀疑，认为这极有可能是富尔尼雷捏造的。而且就算富尔尼雷说的都是真的，他的童年经历也不应该为他的罪行买单，有许多人都曾在童年时期遭受性侵或虐待，但并不会成长为一个杀人恶魔。

据富尔尼雷所说，他的童年过得十分艰苦，由于贫困他只能和母亲、姐姐挤在一间简陋的屋子内。富尔尼雷经常抱怨他的母亲和姐姐使用一个铁桶便溺，他觉得这对女性来说是一种很不得体的行为，简直就是一种退化行为。

经常看到母亲和姐姐用铁桶之类的便盆上厕所，会对这种行为产生厌恶是一种很正常的心理，但富尔尼雷却将这种厌恶延伸到了其他女人身上，甚至对女性这个群体产生了厌恶。

富尔尼雷一直执迷于处女情结，在他心目中只有圣母玛利亚才是完美的女性，因为她是纯洁的。由于处女情结，富尔尼雷会选择处女下手，在他看来只有纯洁的处女才有资格作为他的"猎物"。富尔尼雷表示，他此生唯一的遗憾就是没能和一个处女结婚。

## 【原始的情感体验】

富尔尼雷无疑是个反社会人格者，他表面上看起来十分和善，还非常健谈，似乎和所有正常的男子一样，但这只是他的保护色而已，他知道只有伪装成正常的样子才能不被警察所怀疑，才能更好地去寻找"猎物"。

反社会人格者之所以可怕，不仅在于他没有正常的情感，还在于他十分聪明且善于谋划。大多数的反社会人格者的智商都很正常，甚至比普通人要高，他们虽然没有情感能力，却会学习如何表现出关心、如何利用情感控制他人。

富尔尼雷就是一个很聪明的人，他会从第一次犯罪被捕中总结经验教训。这起连环强奸杀人案的可怕之处在于，富尔尼雷为自己营造了一个再正常不过的普通人的身份，他的妻子奥利维尔已经被他完全控制，成为他的犯罪工具，他的儿子也成为他诱使被害人上钩的工具。试问有谁会对这样一个三口之家产生警惕呢？如果不是罪行曝光，富尔尼雷就像你的邻居一样，是个有家室的正常男人，但实际上这层身份只是富尔尼雷用来掩护罪行的工具而已。

奥利维尔在富尔尼雷的一系列犯罪行为中起到了十分关键的作用。她的种种言行令人十分费解，凡是正常的女性都会被富尔尼雷的可怕罪行所吓倒，会想尽办法远离富尔尼雷，但她却主动充当了富尔尼雷的犯罪工具。有一部分女性的确会像奥利维尔一样被危险的男人所吸引，她们会觉得越是危险的男人越有魅力，甚至会觉得和这样一个男人一起犯罪会使两人紧紧地联系在一起。

在现实生活中，我们常常会不自觉地用长相来对一个人的品行进行判断。对于像富尔尼雷这样的反社会人格者来说，他深谙此道，因此他十分擅长将自己伪装成一个正常人，他戴着一副眼镜，看起来很斯文，根本不具有任何危险性，但事实上他是一个十分冷酷冷血的人。在富尔尼雷被捕后，他声称自己会变成一个杀人恶魔，是因为遭到了母亲的虐待和性侵。许多犯罪专家都很怀疑富尔尼雷的这种说法，因为反社会人格者十分擅长利用人们的同情心，他极有可能是在伪造一个糟糕的童年，从而博得人们的同情。

富尔尼雷如果不是单独进行犯罪，或许他永远也不会被捕。对于富尔尼雷这样的反社会人格者来说，他只具有原始的情感体验，具体表现除了生理痛苦外，就只剩下短期的挫折和成功所引起的情感反应。例如富尔尼雷会从一次成功的强奸和杀人中获得愉悦感，不过这种愉悦感维持的时间很短暂。当然富尔尼雷也会从挫折中产生愤怒感，例如当他引诱被害人上车被拒绝时，他一定会感到挫败，因而立刻暴怒起来，将被害人强行绑到车里。

这些情感与正常人所拥有的高级情感不同，只受到脑缘系统的控制，而不受大脑皮层的控制。对于富尔尼雷来说，总是借助奥利维尔去引诱"猎物"上钩无法激起自己的好斗和兴奋感，所以他选择了独自捕猎。在第一次捕猎成功后，富尔尼雷体会到了一种全新的兴奋感，因此他会兴致勃勃地向奥利维尔炫耀。富尔尼雷如果不是被捕，他永远不可能停手，因为他的情感系统决定了他只能通过强奸和杀人来获得原始的情感体验，如果他不能强奸和杀人，那么他就无法感受这种仅存的原始情感体验，他的生活将会被无聊所淹没。像他这样的反社会人格者终其一生都不应该获得自由，他的自由于他人而言就是危险。

# Criminal Psychology

勤勤恳恳的老实人——

**苏林德·库里**

　　从 2005 年起，印度新德里的尼萨里村庄开始频发儿童失踪案，由于失踪儿童都属于贫困阶层，在印度被称为"贱民"，因此警方并未重视起这一系列儿童失踪案，到了 2006 年底失踪人数已经达到 18 个。

　　一天，警方再次接到报案，一个名叫帕雅尔的十几岁女孩失踪了，有目击者告诉警方，帕雅尔在失踪前曾走进诺伊达地区的 D5 号大宅，这座宅子的主人是个名叫蒙德尔·潘德赫尔·辛格的富商，他有个仆人，名叫苏林德·库里，专门照顾他的日常起居。蒙德尔和库里对警方说，他们从未见过帕雅尔，于是警方就放过了他们。

　　不久之后，警方再次接到报案，有人在排水管里发现了人类的残骸。由于尼萨里的公共设施排水管发生了爆裂，导致污水流了出来。加上当时天气炎热，污水里散发出了令人难以忍受的恶臭，有人猜测可能有动物的尸体在污水里，就去查看了排水管，结果就发现了人体残骸。警方赶到后，发现了更多的人体残骸。

　　这些人体残骸均属于儿童，极有可能是失踪儿童的尸体，于是警方再次找到蒙德尔和库里，并逮捕了两人。很快，随着消息的传播，当地人都知道诺伊达地区出现了一个杀人魔，而且专找贫穷家庭的儿童下手，于是许多人开始聚集在 D5 号大宅附近，他们不相信蒙德尔这个富商是无辜的，甚至担心警方会放过他，因为被杀害的儿童都来自贱民家庭。由于群众暴动，这起案件引起了印度当局的注意和重视，于是该案件被移交给印度中央调查局。

　　警方在最初的调查中，初步推测二人是在进行非法人体器官交易，因为在印度存在一种黑暗交易，有一些黑诊所会出价购买人体器官。但这种猜测很快被推翻，因为所有被害人的器官都被冲到下水道。后来警方又将两名嫌疑人的犯罪行为归结为儿童色情活动。

在最初的审讯中，警方将蒙德尔作为主犯进行审讯，认为库里最多只是协同作案。表面上看，蒙德尔是个背景复杂的富商，经常在家中举行性爱派对，会带一些年轻女孩回家并与她们发生性关系。而库里则简单得多，他来自一个贫困的山村，在审讯中表现得唯唯诺诺，是个很听话的仆人，对蒙德尔唯命是从。为了证明蒙德尔有罪，警方开始搜集证据。

在搜集证据的时候，警方发现蒙德尔经常到澳大利亚出差，而且他的通话记录显示案发时他还在国外，根本没有作案的可能。这说明，这一系列命案都是库里这个看起来老实巴交的人所为。后来警方在 D5 号大宅的一楼浴室里发现了大量的血迹，而这个浴室的使用者正是库里。

心理学家在给库里使用了一些松弛剂后，库里吐露了实情，他承认所有的人都是他杀死的，而且还交代了处理尸体的方式。库里每次会用一些甜点、太妃糖、巧克力之类的东西引诱女孩，然后用女孩戴的头巾将她勒死。在性侵过女孩的尸体后，他就会将尸体拖到楼上等待处理，趁着没人的时候将尸体拖到自己所使用的浴室进行肢解，将肢解成一小块一小块的尸块放进袋子里，最后趁着清晨或深夜没人时将尸体丢弃。后来库里发现将尸块扔到下水道里是最安全的处理方式，从那以后他就开始往排水管中扔尸块。在交代完所有的罪行后，库里又变回了一个正常人，一个安静、有礼貌和乐于助人的老实人。

库里所杀害的儿童中，以女孩居多，也有一两个男孩。库里交代道，他是将男孩错认成了女孩，当将男孩勒死后，他才发现对方是个男孩，他只能放弃性侵，在处理男孩的尸体时，库里留下了男孩的心脏，将心脏煮熟后吃下。库里除了杀人外，还食人，他会将被害人的部分尸体煮熟吃下。

在库里被捕前，他从来没有被警方怀疑过，倒是有被害女孩的父母找上他，例如加布·拉尔。加布在尼萨里开了一家洗衣店，专门为有钱人或中产阶级洗熨衣服。他的女儿乔蒂只有 10 岁，会帮父母将洗好叠整齐的衣服送到顾客那里。2005 年的一天，乔蒂像往常一样去给顾客送衣服，却没像以前一样回家。乔蒂送衣服的那家顾客正好居住在 D5 号大宅街对面。

乔蒂失踪后，她的父母很着急，就将此事报告给了警察，但当地警方根本不在意，他们觉得乔蒂只是离家出走了。加布很担心女儿，就到处去打听乔蒂的下落，他来到了 D5 号大宅门前，还对开门的库里说，希望库里能提供乔蒂的线索，他会支付 5 万卢比作为报酬，还保证不会泄露是库里告诉他的。加布怀疑女儿被人拐卖到妓院了，在印度有许多年轻女孩都会被拐卖去进行性交易。库里当时表示他根本没有见过乔蒂，并很快将话题转移开。加布在寻找了 1 年 7 个月后，还是没能找到乔蒂的下落，只能放弃。在当时，拉尔夫妇从未怀疑过库里，他们觉得库里是个相当不起眼的人，在人群中根本不会引人注意，而且他的身材很瘦小，看起来只是个勤勤恳恳工作的人。

其实在乔蒂失踪前，加布所居住的小巷里已经发生了两起失踪案，失踪者都是和乔蒂差不多大的女孩。在之后的两年内，差不多每个月就会有一个儿童失踪，也就是说库里差不多一个月就要杀死一个儿童。

到 2006 年 5 月，已经有 10 个儿童被上报失踪，但库里从未被怀疑过，也没有被警方传讯。拉杰什在妹妹失踪后，为了引起警方的重视，只能给一名记者打电话，他希望妹妹失踪的消息被公开报道出去后，警方就会帮助他们寻找妹妹的下落。但警方却只告诉他，他的妹妹并不是未成年，很可能是和一个男人私奔了。就是警方的这种不作为，导致库里接连杀死了 19 个人，其中包括女孩、男孩和一些年轻女子。

2014年，库里被判处死刑。库里很快提起了上诉，但印度总统拒绝宽恕他，维持了死刑的判决。2015年1月，库里被改判为终身监禁。

库里出生于印度北部山村阿莫拉一个普通家庭。印度北部乡村的状况与新德里这样的现代化城市相差极大，库里在一个贫穷，没有网络、电视的环境中长大，他所成长的环境十分落后和原始，村民们甚至还可能被老虎等野兽所伤。

在家乡阿莫拉，库里曾做过屠夫的工作，他会帮助父亲宰杀动物，给动物剥皮，将它们大卸八块，将肉从骨头上剔下来，然后将肉卖给其他人。正因为这段经历，库里掌握了切割的技巧，他将这种技巧运用到了杀人和肢解尸体中。

库里是个很安静、内向的人，不擅长学习和社交，所参与的社交活动也很有限，他与家人之间的关系也不亲近，从未从别人那里得到过关心，而且几乎没有朋友。但这并不表示库里是个疯子，他看起来十分正常，和所有的普通人一样。在达斯纳监狱服刑期间，库里曾接受过记者的采访。库里给记者留下了很普通的印象，在记者看来，他只是一个说话轻声细语、话很少的男人，不论记者问了他什么问题，他的回答都只有寥寥数语。

13岁时，库里离开了阿莫拉，乘坐火车来到了450公里外的繁华城市新德里。这里与阿莫拉完全不同，是个现代化的都市，但库里却无法在这里安身立命，因为他来自贱民阶层，处于所有阶层之下，只能从事最低贱的工作，人们都不愿意和他打交道。

最终库里在快速发展的诺伊达找到了一份仆人的工作，伺候蒙德尔的日常起居，做一些打扫、做饭之类的事情。在这里，库里见识了一个完全不同的世界，蒙德尔很爱玩，经常邀请一些政商精英来家里举行性爱派对，还会带一些年轻女孩回家，并与她们上床。库里经常接触强烈的性刺激，却无法参与其中，这或许让库里有了变态的性需求。由于性变态的需求，使得库里无法与同龄女性发生性关系，于是只能朝女孩下手。

蒙德尔经常不在家，他会到海外出差，去澳大利亚、中国、加拿大、美国等地谈生意，这给了库里作案的机会。他虽然不是 D5 号大宅的主人，但却掌握使用权。在蒙德尔出差在外的时候，库里可以在这栋房子里任意做自己想做的事情，包括杀人和处理尸体。

狄普尔是库里杀死的第一个女孩，他将狄普尔引诱进 D5 号大宅后，就用头巾将狄普尔勒晕，他想趁着狄普尔昏迷时与她发生性关系。由于性无能，库里没有成功，于是他杀了狄普尔。

库里会定期回家乡阿莫拉看望妻子和孩子，他已经克服了性无能，有两个孩子。但库里从未对阿莫拉产生归属感，他觉得自己既不属于贫穷的阿莫拉，也不属于繁华的新德里，他经常会产生一种迷茫感。

## 【基本社会化】

一个人从出生到成年，有相当长一段时间处于弱小、无知的状态中，而这个阶段恰恰很容易受到外界和他人的影响，这个阶段被称为基本社会化。在基本社会化的过程中，正确的教养方式十分重要，因为这个阶段是一个人人格渐渐形成的过程，人格一旦形成，就具有稳定性，会对一个人的一生都产生影响。

库里在阿莫拉这个贫困的山村成长到 13 岁，在周围人看来，他就是个安静的、乐于助人的老实人，不具有任何危险性。但库里却在帮助父亲完成一项十分血腥、不适合儿童做的工作，他会给动物剥皮并把尸体切割成一块一块。这种工作对于一个成年人来说，或许不会产生什么不良影响，毕竟一个成年人的人格已经趋于稳定，他的人格不会因此受到影响，从而朝着危险、犯罪的方向发展，但问题是当时的库里还很年幼。

屠宰动物的这段经历不仅让库里掌握了娴熟的切割技术，还让他对这种血腥的过程产生了一种漠然，甚至是麻木的情感。库里在杀死狄普尔后，居然产生了一种想要吃掉她的冲动，他显然已经将狄普尔的尸体看成是一头等待切割的动物，于是他吃掉了狄普尔的胳膊，就好像吃下动物的肉一样。

库里在13岁时来到了新德里，并开始在蒙德尔家里担任仆人。在这里，库里所看到的和接受的都是性刺激，这显然也是一种不良影响，从而导致库里产生了病态的性需求。这种性需求他无法从正常的两性交往中获得满足，就只能引诱一个女孩到自己的房间，然后将她勒晕，就在这时库里发现自己有性无能的问题，于是他杀死了她。

不论是受屠宰动物的影响，还是受蒙德尔性爱派对的影响，对于库里来说都是一个基本社会化的过程。他在这个过程中形成了变态的、犯罪的人格，当然他也受到了其他人的影响，还有内向、勤恳的一面。

# Criminal Psychology

自认不如垃圾有用的宅男——

## 加藤智大

秋叶原位于日本东京东北部，是世界上著名的电器街，这里除了电器商品专卖店外，还有许多商店、饭店和咖啡店。每逢周日，秋叶原就会变得异常热闹，许多人都喜欢来这里玩耍和逛街。而且秋叶原在周日时，会禁止车辆通行，专门供步行者使用，还被称为"步行者天堂"。

秋叶原还是御宅一族喜爱去的地方，这里有女仆咖啡馆，街头咖啡店的女孩为了招揽生意，专门穿着女仆制服，笑着向行人发传单或递纸巾。等客人走进咖啡店后，就会有穿着电玩人物服装的服务员迎上去，用甜美的声音对客人说："您回来啦，我的主人。"这是女仆咖啡馆特意制造的一种"女仆侍奉主人"的家庭情调氛围。此外，扮演女仆的服务员还会给客人提供购物向导、陪吃饭、唱卡拉OK的服务。对于御宅族来说，秋叶原就是圣地所在，他们都会来秋叶原体验一把被女仆服务的感觉。

2008年6月8日中午12点30分，一辆五十铃牌白色厢式货车行驶到秋叶原电车站附近闹市区一处十字路口时，突然闯过红灯，以每小时40公里的速度冲进了熙熙攘攘的人群，有5名行人来不及躲避，被货车撞倒和碾压。最后，货车在撞上一辆出租车后被迫停了下来。行人们都以为发生了车祸，纷纷围上去看热闹。这时，货车上的司机拿着蓝博刀与匕首从驾驶座上冲了下来，他一边挥舞着手中的刀具，一边疯狂地大叫道："杀了你们这帮浑蛋！"

在之后的短短两分钟内，这名司机先后在100米乘以70米的范围内刺伤了12名行人和施救者。现场的警察看到情况不对劲后，立刻呼叫秋叶原警察局，要求火速派警力支援。而当时街道上都是行人，人们都被这种场面吓傻了，东京的街头从未出现过这种情况，一时间场面大乱。

5分钟后，增援警察赶到案发现场。在目击者的带领下，警察找到了行凶的司机，警察从行凶者手中夺下一把刀刃长度为13厘米的格斗刀具后，行凶者立刻束手就擒，警察随后用手铐将他铐住，以故意伤害的罪名将其带走。当时一名警察不解地问道："为什么要袭击行人？"行凶者回答说："对生活感到苦闷、厌世，来秋叶原就是为了杀人，任谁都可以。"

下午1点左右，救护车赶到案发现场抢救伤者。被害人中村胜彦（74岁，男）、藤野和伦（19岁，男）、川口隆裕（19岁，男）、小岩和弘（47岁，男）、宫本直树（31岁，男）当场相继死亡；武藤舞（21岁，女）和松井满（33岁，男）在抢救数小时后不治身亡。在这7名被害人中，除了前三人是被货车撞死外，剩下的被害人都是在被刺伤后流血过多而亡。此外，还有10名伤者被送到医院救治。该案件发生后立刻在日本引起了轰动，这是日本30多年来发生的最严重的刑事杀人案。

行凶者名叫加藤智大，28岁，是"关东汽车"下属的静冈县裾野市工厂里的工人。这份工作不仅收入少、不能参加养老保险和失业保险，还随时面临着被解雇的风险。在2008年5月29日，加藤智大接到了工厂的解除劳动合同通知，从下个月起，他就不用上班了。其实，当时失去工作的不只加藤智大一人。由于世界金融危机的影响，许多家公司都出现了裁员的现象。

除了要找工作外，加藤智大还要找新的住处，因为劳务派遣公司通知他，6月底必须得搬出宿舍。那几日，加藤智大苦恼不已，他十分担心自己找不到工作，还可能会流落街头。

6月5日，加藤智大来工厂上班时发现，自己的连体工作服不见了，他觉得这是工厂故意想赶走自己，于是激动不已的加藤智大找到了车间负责人，他拿起桌上的咖啡杯朝着墙面狠狠砸去，然后大喊道："为什么工作服没有了？这是什么破工厂！"闹了一会儿后，加藤智大从工厂里跑了出去，从那以后加藤智大就没有再去上班。

离开工厂后，加藤智大以为自己一定被工厂开除了，他开始上网在论坛上倾诉自己的烦心事。6月6日，加藤智大在论坛上留言说，他马上就要被轰出宿舍，他觉得自己生活得太绝望了，想要杀人。之后加藤智大继续不停地在论坛上留言："你们都去死吧！反正你们都看不起我！这个月我就会被开除，我想去自杀。"加藤智大想在东海道铁轨上卧轨自杀，却得知东海道因为有人自杀已经全线停运。于是加藤智大就想开车撞人，然后被警察抓住判处死刑。

在案发当日的早晨5点21分左右，加藤智大在论坛上留了一句话："我要在秋叶原杀人，先用汽车撞人，不行就用刀杀。"6点多，加藤智大留言："时间到了，出发吧。我扮演一个好人早已习惯了，可以轻松骗过大家。"之后加藤智大一直不停地留言来记述自己的行动路线，在中午12点10分左右加藤智大留下"动手的时间到了"这句话后，就开始行凶。后来加藤智大告诉警方，他在网上发布这些信息是为了引起警察的注意，然后由警察来阻止他，但根本没人理他，于是加藤智大觉得自己被整个世界无视了，他决定按照计划实施疯狂的报复。

加藤智大还留言抱怨说，自己没钱没女友，如果他有个女朋友，就不会辞职，也不会终日与电脑手机为伴，那么他一定不会对生活如此绝望。末尾，加藤智大还说："你们这群心怀希望的人，是不可能明白我的内心感受的。"加藤智大的这番留言不仅没有得到网友们的安慰，反而备受嘲讽。

案发前两日，加藤智大来到福井县一家护身武器用品店，在这里他花了3.5万日元，购买了6把匕首和皮手套、特殊警棍等物品，其中一把匕首就是加藤智大在行凶时使用的双刃匕首。警方在将加藤智大的照片拿给店员辨认时，店员一下子认出了。根据店方所提供的防盗录像，加藤智大在购买匕首的时候，还和售货员打趣，假装用匕首捅他。之后，加藤智大将自己的电脑和游戏卖掉，用拿到的钱租了一辆小货车。

秋叶原事件发生后的一段时间内，日本各地相继出现了模仿加藤智大的风潮。在案发后的半个月内，网络上出现了大量的危险言论，许多网友纷纷扬言要像加藤智大一样制造大屠杀，毕竟在日本，像加藤智大这样承受巨大压力的人不在少数。后来警方采取了强制的压制方式，逮捕了 12 名发帖人、警告了 5 人，这股风潮才算被压了下去。

居住在神户市西区的大山和歌是一名 38 岁的无业女子，她在受到加藤智大的影响后，在大阪站的月台上先后用锋利的小刀划伤了 3 名女子，等被害人感到手臂疼痛时，大山和歌早已离去。后来警方根据监控录像找到了她。

日本的安全问题也因此饱受争议，一名外国女记者叹息道："日本安全的神话就此破灭了！"秋叶原的电器生意也因此受损，没有人愿意去一个治安差的地方消费、游乐。

加藤智大在行凶时所使用的刀具具有较强的杀伤力，日本政府为了避免悲剧的再次出现，决定加强《刀枪法》的执法力度，凡是没有正当理由者，均不得携带刀刃长度超过 6 厘米的刀具。

6 月 9 日，东京的许多人纷纷自发来到秋叶原进行哀悼，一名哀悼者在接受采访时表示："我听说行凶者喜欢打游戏，但我想他应该知道，在现实生活中没有重新开始的按键。"

被捕两天后，加藤智大说自己患有精神病，他不论在现实生活中，还是在网络中，都是孤独一人，因此想做一些能引起所有人关注的大事，所以才会用货车、刀具杀伤他人。

同日，加藤智大的父母公开向人们道歉："我们的儿子犯下了如此严重的罪行，影响了社会的安定，我们深感抱歉。在此，我们还要向被害人及其家属致歉。"一天后，加藤智大也公开为自己所犯下的罪行道歉。

7月7日，东京地方检察厅宣布加藤智大就是制造秋叶原事件的凶手，但加藤智大是否需要为此承担刑事责任，还需要接受精神鉴定。

10月6日，为加藤智大进行精神鉴定的专家得出结论，加藤智大的精神状态十分正常，没有严重的精神病，具有分辨善恶的能力，在行凶时带有强烈的杀意，而且行凶前做了一系列的准备和计划。

10月10日，加藤智大被以杀人、杀人未遂、持有违法刀械等罪名起诉。在庭审中，加藤智大虽然认罪，但不承认自己有错，他将一切责任都推给日本社会，他还提及了母亲对自己施加的虎狼式教育，认为都是"虎妈"害了他。最终加藤智大被判处死刑，尽管他的辩护律师提出加藤智大可能患有精神障碍或精神失常，但法官和检方均认为加藤智大的精神很正常，具有完全责任能力，应该将他这样的恶魔判处死刑。随后，加藤智大被送到东京拘置所等待死刑的来临。

加藤智大出生于本州岛最北部的青森县青森市，他的父亲在金融机构工作，母亲是个沉默寡言的家庭主妇，他还有一个比他小两岁的弟弟。加藤夫妇一心想让加藤兄弟出人头地，尤其对加藤智大这个长子充满了期待，对他管教得十分严格。

小学时，加藤智大在学校的表现很优秀，学习成绩不错，还在市级珠算比赛中拿过第二名，十分擅长游泳和跑步。这种情况一直维持到加藤智大上高中，高中时的加藤智大不仅学习成绩下滑，还有暴力倾向，没有同学愿意和他交朋友。

据加藤智大的小学同学和朋友反映，加藤智大在小学时很受同学们欢迎，但后来加藤智大像变了一个人似的，不再有活力，反而看起来呆呆的，很内向。

加藤夫人在管教儿子上，十分严苛，甚至严苛得有些变态。她给加藤兄弟制定了许多规矩，例如每周只能看一集动画片、只能玩一个小时的电子游戏，除此之外，加藤兄弟的所有时间和精力都得用在学习上，像看漫画、玩玩具、看课外书这些同龄人都在做的事情，对加藤兄弟来说都是奢望。在加藤兄弟成年后，他们的父亲再也忍受不了母亲的严苛，提出了离婚。

加藤夫人坚信只有严苛的教育才能出人才，她会每天检查他们的作业，他们的作业必须得完美到让老师眼前一亮。如果加藤夫人发现了错误或者字体不工整，那么加藤兄弟就必须将作业重新写一遍，而不是简单地用橡皮擦掉改正。

为了锻炼加藤兄弟的意志力，加藤夫人会强迫他们游泳，冬天的时候穿很薄的衣服。此外，加藤兄弟的衣服还必须保持整洁，吃饭时遵守餐桌礼仪，不能将饭掉在地上。不然加藤兄弟就会被罚站，一站就是好几个小时。有一次，加藤一家人在一起吃饭时，加藤智大不知做错了什么，突然被母亲惩罚，母亲将他的饭、菜、汤都倒在一张报纸上，然后命令加藤智大到角落里将这些都吃掉。当时加藤智大已经 13 岁了，他一边吃报纸上的饭，一边哭泣。

加藤夫人还会对加藤兄弟的交友横加干涉，禁止兄弟二人到同学家去玩，绝对不允许与差生来往，与女同学之间保持距离。每天加藤兄弟回家后，母亲都会盘问他们和哪个同学一起玩、那个同学的学习成绩如何。

加藤智大以优异的成绩初中毕业后，进入名校青森高中学习。此时的加藤智大对母亲越来越憎恨，他开始冲母亲大喊。为了发泄对母亲的憎恨，他开始用裁纸刀在墙壁上挖洞，到了高中毕业时，加藤智大挖出了一个直径将近半米的洞。此外，加藤智大的学习成绩开始下滑，这加剧了他的暴怒心理，每当考试成绩出来后，加藤智大都会不满地用暴力发泄，例如赤手空拳打碎窗户的玻璃，将玻璃捏在手中。每当加藤智大和同学发生口角时，他也会用暴力的方式发泄，看起来十分吓人。

加藤智大打算考北海道大学工学院，毕业后成为一名理工科精英，这也是父母对他的期望。但不幸的是，加藤智大落榜了，他只能无奈地到一家技工学校学习汽修，毕业后在静冈的一家工厂当临时工。望子成才的加藤夫人对长子失望极了，早早地切断了对加藤智大的经济资助，加藤智大的生活一下子变得困苦起来。

由于从小学习成绩优秀，加藤智大经常向同事们炫耀自己以前的学习成绩，例如初中毕业考试时是全校第一名。这让本来就不擅长人际交往的加藤智大更加令人讨厌，没有朋友、女友的加藤智大只能通过上网来填补自己的空虚，后来他迷恋上了打游戏，每天沉浸在虚拟的游戏世界里无法自拔，加藤智大尤其喜爱玩一些攻击性强、带有杀戮元素的游戏。

与许多宅男一样，加藤智大还很喜欢少女漫画，尤其偏爱洛丽塔风格，每逢周末加藤智大都会到秋叶原玩一玩，他尤其喜爱女仆将自己奉为主人的感觉，他说："我十分喜欢去秋叶原，女仆咖啡馆给人的感觉真是太爽了！"

加藤智大还经常在网络上发帖抱怨自己的生活，他说工厂里的环境令人十分厌烦和恶心，那些只有初中文化的工人根本不配和他一起工作！但据加藤智大的同事们反映，加藤智大表现得很老实、不爱说话，工作态度也不错。

有时加藤智大也会自轻自贱："我连垃圾都不如，垃圾还能回收。自从高中毕业后，我的人生完全是失败的，没有朋友，也没有可以交谈的人，世界上根本没有人在乎我、需要我。我痛恨所有的成功人士，他们最好都死掉！"加藤智大还曾试图自杀，却没有成功，在家里养伤时，加藤智大考取了大型货车驾驶执照。

在加藤智大被捕后，他的弟弟一直想探望他，但屡次申请都被拒绝。加藤智大的弟弟交了一个女朋友，两人已经到了谈婚论嫁的地步，但因为加藤智大，弟弟的女朋友和他分手了，她说加藤一家都不正常。

2014年，加藤智大的弟弟在家中上吊自杀，在他的遗书中写道："我其实是哥哥的一个复制品，实际上我们兄弟二人都是母亲的复制品，一直都生活在她的阴影之下，既得不到爱，也得不到承认。但我和哥哥不一样，我希望大家不要将我也看成一个杀人狂。"

## 【情感孤独者】

加藤智大从小生活在母亲的严苛管教之下，他与母亲之间从未进行过正常的交流，也就是说加藤智大与母亲之间存在交流障碍。如果一个人无法从母亲那里学习到与人交流的技巧，那么他与家人之外的人交流就会变得十分困难。此外，加藤智大的母亲还会严格控制他交友，这使得加藤智大的交流障碍变得更为严重。对于加藤智大的母亲来说，只有一件事情最重要，那就是让儿子考上心仪的大学，成为社会精英。

当加藤智大进入社会后，他在人际交往上变得更加无所适从，如他自己所说，他没有朋友，也没有女友。加藤智大之所以经常感到孤独，是因为他有着正常的情感需求，他人性中的情感没有得到满足。

在被捕后，加藤智大虽然说自己有精神病，他的辩护律师也企图从精神障碍的角度为他进行辩护，但不可否认的是，加藤智大有正常的心智，他能在行凶之前做准备，例如购买刀具、租车等。加藤智大甚至想好了袭击他人的方式，如果开车撞人受阻，那就下车用刀刺杀他人。这些犯罪步骤都十分清晰，进一步证明加藤智大的心智正常。

如果说加藤智大与正常人有哪些不同的话，那就是他有交流障碍，他与反社会人格者不同，有着正常的情感需求，但苦于交流障碍，他无法使自己的这种情感需求得到满足，于是他总会被孤独感所困扰。情感孤独者有一个十分显著的特点，即在他人面前寡言少语，即使在家人面前也是如此。

为了摆脱孤独感，加藤智大迷恋网络游戏和漫画，还会在周日去秋叶原体验女仆咖啡馆的服务。但是加藤智大并不能因此而摆脱孤独感，反而总感觉自己被忽视、被所有人无视，例如加藤智大在被捕后说，自己会在网络上写下自己的犯罪计划，就是想引起警察的注意。因此加藤智大在秋叶原杀人的时候，没有固定的目标对象，只要是人就可以，他逮到谁就刺谁。

情感孤独者会因为孤独和被忽视而愤怒、痛苦不已，因此会出现自杀行为，加藤智大就曾在2006年出现自杀行为。加藤智大的弟弟虽然也存在交流障碍，但他远比哥哥幸运，因为他有个女友，但这个女友却在秋叶原事件发生后离开了他，他无法排解孤独，于是选择了自杀。加藤智大曾在网络上写道，如果他有女友，不用整日与手机为伴，就不会因对生活的绝望而犯下如此暴行。

加藤智大的罪行看起来十分疯狂，但他并不是疯子，更不是精神病人，他会这样做是因为曾遭受过情感创伤，而这份创伤造成了他的交流障碍，以至于他一直生活在孤独的痛苦之中。加藤智大的情感创伤是他的母亲造成的，母亲对他管教的严苛程度几近变态，就连父亲也无法忍受她的严苛而被迫提出离婚，加藤智大和他的弟弟终其一生都无法摆脱母亲所带来的阴影。

# Criminal Psychology

自认为肩负上帝使命的杀手——

**安德斯 · 贝林 · 布雷维克**

2011 年 7 月 22 日下午 3 点 25 分，挪威首都奥斯陆市中心首相办公室附近发生了一起爆炸案，造成 9 人死亡，30 人受伤。制造这起爆炸案的是个名叫安德斯·贝林·布雷维克的 32 岁男子。

布雷维克为这起爆炸案计划了很长时间，在实施的当天，布雷维克穿着一身黑色的警察制服，他先将炸弹放在车上，然后将车停放在政府办公大楼首相办公室的附近，这条街道对公众开放，任何人都可以接近。之后布雷维克就离开了，并在下午 3 点 25 分引爆了炸弹。

这起爆炸案在挪威引起了巨大的轰动，被挪威首相称为"国家灾难"。奥斯陆以西约 40 公里处的于特岛上的挪威工党青年团成员们正在进行夏令营活动。青年团的成员都很年轻，最小的孩子只有 14 岁，而团里的领袖和导师也才 20 岁出头。当青年团成员看到爆炸案的消息后立刻开始了讨论，他们都觉得于特岛十分安全，没有人能伤害到他们，他们都决定待在岛上，最关键的是通往于特岛的船只已经取消了行程。

此时的布雷维克正在前往于特岛的途中，他开了 90 分钟的车后终于到达了前往于特岛的码头。想要登上于特岛，就必须借助船只，但此时船只已经取消了行程。布雷维克显然做了充足的准备，他给青年团的负责人约翰内斯打了一通电话。在电话中布雷维克对约翰内斯说，他是被派来的警察，得登陆于特岛，让约翰内斯给他安排一艘船。于是约翰内斯就和船长取得了联系，和船长一起去接布雷维克这个假警察。

当船渐渐靠岸后，约翰内斯看到穿着一身警察制服的布雷维克，他的大腿处还别着一把手枪，扛着一把很大的来复枪。布雷维克当时还提着一个很重很重的黑箱子，在约翰内斯和船长的帮助下才将黑箱子带上船。让约翰内斯有些怀疑的是布雷维克的头上戴着iPod耳机，约翰内斯当时想这可能是警察们之间进行交流所使用的工具。其实iPod耳机是布雷维克专门准备的，在接下来的射击过程中，他会通过听iPod来掩盖被害人的尖叫声，这让他觉得很吵闹，可能会影响他的决心。

当船在于特岛的岸边停好后，布雷维克对约翰内斯命令道：将船锁上。约翰内斯觉得很奇怪，因为船从来没有上过锁，他觉得这是一个非常奇怪的需求，就在约翰内斯锁船的时候，他听到了一声枪响。

下午5点22分，布雷维克开始在于特岛上进行屠杀，他先开枪打死了两名成年人，然后命令团里的青年们都围绕着他站在一起，随后他便开始射杀这些青年。在布雷维克忙着射杀的同时，有不少人都逃走了，有的逃到屋子里躲起来，有的则往岸边逃去。

接下来，布雷维克开始从一个屋子到另一个屋子进行射杀。5点55分，布雷维克来到了一间屋子的门口，这里藏了将近50人。这些人很幸运，布雷维克只是通过门上的窗户对着里面开了两枪，然后就离开了。

很快，布雷维克就发现了匆忙逃往岸边的青年们。有不少青年为了躲避射击而跳到水里，想要游到对岸去。也有一些青年不肯下水，因为寒冷的海水会使游泳的人抽筋。于是这些青年都被布雷维克射杀，因为岸边全是开放式的，根本无处可躲。之后，布雷维克就朝水里游泳的青年们射击，有的青年为了避免被击中，不得不躲到水里。

6点25分，布雷维克停止了射击，他用一个手机拨打了报警电话。在电话中布雷维克对警察说："我是司令官布雷维克，我已经完成了自己的使命，你们现在可以来于特岛抓我。"在于特岛上，布雷维克一共射杀了69人，遇害者以青少年为主。

1979年2月13日，布雷维克出生于挪威首都奥斯陆。布雷维克的父亲是一名外交官，母亲则来自一个古老而高贵的家族，他的家庭在挪威是个很富裕且受人尊重的家庭。

幼年时，布雷维克的父母闹起了离婚，他们为了争夺布雷维克的抚养权打了很长时间的官司。而布雷维克显然是这场离婚官司的主要受害者，他被送到寄宿制学校独自一人生活，甚至还差点儿被送进孤儿院。

在寄宿制学校里，布雷维克是个很孤僻的人，几乎没什么朋友。不论是父母的离婚，还是学校里孤独的生活，都让布雷维克从心理上产生了巨大的被排斥感，他一直有很强烈的归属需求。

后来布雷维克只能从组织中寻找存在感和归属感，他开始频繁去教堂，成了教堂的常客。之后布雷维克又加入了挪威右翼进步党青年团，该青年团一直建议政府收紧移民政策，避免更多的移民涌入挪威。

从高中毕业后，布雷维克想要去参军，却被军队拒绝了，于是他开始采用一种完全不同的方式为挪威效力，即开始计划和准备爆炸案和枪击案。

在布雷维克看来，挪威是一个纯粹的、没有被污染的美丽国度。此外布雷维克还有种族歧视，在他看来挪威就应该属于白种人，是雅利安人生活的国家，而他自己就是一个十分典型的雅利安人，长着一头金发和蓝眼睛。

在挪威，尤其是首都奥斯陆汇聚了许多来自不同种族、不同信仰的人。对于一个极端的右翼分子，布雷维克对这种现象十分不满，并将其视为一场危机，而那些不同种族、不同信仰的人在他看来就是敌人，是在毁灭挪威。

从 2001 年起，布雷维克就开始撰写信仰宣言。在宣言里，布雷维克表达了对移民者的憎恨。为了引起人们的注意，布雷维克决定实施一场大屠杀，以警醒世人。在布雷维克看来，只要他开始行动，那么挪威的所有人，包括全世界都会明白他的所作所为，那个时候他就会成为一名受世人瞩目的英雄，整个挪威乃至全世界都会在他的掌控中。

在布雷维克的宣言里，他将自己描述成一个成功的商人，实际上他经商失败了，而且不得不与母亲居住在一起。在布雷维克所描绘的世界中，他一直在精心设计着自己的形象，他自诩为一个儒雅的商人、共济会会员、神殿骑士团的继承人，一个远离多元文化、多民族的 21 世纪的挪威人。

在这份宣言里，布雷维克还进行了自我采访，问了自己 100 个问题，并对这些问题一一进行解答。在布雷维克看来，这些问题是所有挪威人都关心的。由此可以看出，布雷维克是个极度自恋的人，而且有着非常强烈的渴望被关注的需求。他渴望成为一个重要的革命者，在制造一系列混乱后能够名垂青史。

布雷维克的这份宣言除了十分详尽地表达自己的观点以及准备实施爆炸和枪击的计划外，他还专门对自己的坟墓样式进行了设计。在布雷维克的设计中，他的墓碑上有一个十分显著的圆柱形标志，上面还镶着金色字体，就好像骑士圣殿的建筑物。

为了顺利实施计划，布雷维克花费了好几年的时间来进行准备，他经常在东欧各地旅行，购买枪支、军需级别的零件以及制造炸弹所使用的化学品。为了避免被相关部门注意，布雷维克还专门在不同的时间去不同的地方进行购买。

布雷维克还对挪威人进行了分类，主要分为 A 级叛徒和 B 级叛徒。A 级叛徒以政治家和移民者为主，B 级叛徒以家庭成员和朋友为主。布雷维克之所以会选择在政府大楼引爆炸弹，是因为他觉得政府官员们根本不应该推出移民政策。选择在于特岛进行大屠杀，是因为于特岛的青年团是挪威工党的核心，都是左翼分子。

在布雷维克所使用的格洛克手枪上，还刻着米奥尼尔的字样，这是北欧神托尔所使用的锤子的名称。在带刺刀的来复枪上，刻着古尼尔的字样，这是北欧神奥丁所使用的矛的名称。在于特岛上按计划射杀了 69 人后，布雷维克就停止了射杀，拨打了报警电话，他的目的已经达到。

布雷维克被捕后向警方承认，奥斯陆爆炸案及于特岛枪击案均是他一人所为，他虽然对犯罪事实供认不讳，却不承认自己有罪，他表示自己制造爆炸案和枪击案只是按照上帝赋予的使命行事，他是一个肩负上帝使命的骑士。之后，布雷维克被安排接受了精神鉴定，精神病医生认为布雷维克患有偏执型精神分裂症。这一鉴定结果意味着布雷维克极有可能会被送到精神病院。

2012 年 4 月 16 日，挪威开始对布雷维克的案件进行审理。在法庭上，布雷维克表示，他宁愿被处死或者被释放，也不愿意在监狱里服刑。最终，布雷维克被判处 21 年监禁。

布雷维克在监狱里的囚室是一间由 3 个房间组成的小套房，一共约 10 平方米。在囚室里，监狱方还为布雷维克安排了可以健身的跑步机以及可以玩线上游戏的电脑。

2013 年 9 月，奥斯陆大学接到了布雷维克的求学申请，布雷维克想学习政治学。最终奥斯陆大学批准了这项申请，给布雷维克派发了录取通知书，因为奥斯陆大学的校长认为，每个挪威公民都有申请接受高等教育的权利。不过布雷维克得在监狱里读大学，无法和奥斯陆大学的工作人员进行直接的接触，而且只是进行模块学习，不是授予学位的学习程序。

2014 年 1 月 29 日，布雷维克给司法部部长安德斯·亚孟森写了一封信，他要求改善监狱的生活条件，他声称自己在监狱的生活就好像动物一般。在布雷维克所提出的要求中，就包括升级游戏机，以方便他能自主选择更多的成年游戏。其实布雷维克在被捕之前，就一直喜欢玩电子游戏，尤其喜爱《魔兽世界》，每年都会花几百个小时在电子游戏上。布雷维克还威胁说，如果监狱方不满足自己所提出的要求，那他就会进行绝食抗议。

## 【典型滥杀】

布雷维克属于典型滥杀的杀手。滥杀者通常会在短时间内进行杀戮，不会给警察任何反应的时间，通常情况下等警察赶到案发现场进行阻止的时候，杀戮已经结束了。滥杀者在警察赶到后，一般会开枪自杀，或者在与警察的对抗中被警察射杀。在布雷维克被捕后，警察都觉得很奇怪，因为布雷维克还准备将法庭当作自己的舞台，在他看来接受审判就是他引人注目的时刻。如果滥杀者被警方当场抓获，那么在之后的审讯中，不需要警方采用任何审讯手段，滥杀者就会轻易承认自己的罪行，但他不会承认自己是错误的，例如布雷维克一直坚信自己是个古老的骑士，进行大屠杀是为了完成上帝赋予的使命。

滥杀案件主要有两大类：一类是典型滥杀，例如布雷维克，在公共场所进行射杀；另一类是灭门滥杀，主要是针对一个家庭。典型滥杀的杀手在挑选被害人时，通常会挑选他仇恨的群体，或者是觉得这个群体对自己产生了威胁，例如布雷维克就十分仇恨那些移民者和支持移民政策的人。在于特岛的大屠杀中，死在布雷维克枪下的都是年轻人，而且这些年轻人正在参加青年团所组织的夏令营活动。

典型滥杀的杀手的作案特征与连环杀手明显不同，他们会在一天内连续作案，而杀戮的对象有许多人。连环杀手所杀死的对象人数通常是一个人，而且有冷却期，在杀人后会过一段正常人的生活，冷却期结束后就会再找目标下手。不过典型滥杀的杀手有的不会只在一个地点进行屠杀，例如布雷维克的屠杀行为就发生在两个不同的地点，一个是奥斯陆的政府大楼，一个是于特岛。

滥杀者在作案前都会进行一番精心的计划，有的滥杀者的计划和准备时间甚至会长达好几年。布雷维克为了进行大屠杀，准备了许多年，还小心翼翼地避过了相关部门的怀疑，甚至还将作案过程详细地写进了宣言里，他这么做都是为了保证大屠杀的顺利进行。

在滥杀案件出现后，许多人都会产生这样一种印象，即滥杀者在选择目标人物时是随机的。实际上，滥杀者在准备过程中会精心选择目标人物、时间、地点和武器。布雷维克会选择对政府大楼的官员和于特岛的青年团下手，就是因为他们是多元文化和多种族的支持者，而且布雷维克在准备武器时，还专门在枪支上刻上北欧神所使用的武器的名称，在他看来自己的此次行动是神圣的，他可以与北欧神相媲美。

# Criminal Psychology

杀人只为去监狱免费吃住——

## 小岛一郎

在日本有一条十分重要的铁道线路——东海道新干线，这条铁道线路直接连接了东京、横滨、名古屋、京都和大阪5个城市，每天的运载量非常大，特别是上下班的繁忙时间段，乘客尤其多。

2018年6月9日晚上9点55分，小田原车站的警方接到报案，报案者是希望号265次列车的乘务员，他说列车的12号车厢内发生了惨烈的袭击案，一名男子带刀袭击了12号车厢内的乘客。

在乘务员报警的10分钟前，列车刚刚驶出新横滨站，然后11号车厢和13号车厢内的乘客就听到12号车厢内传出的惨叫声，许多人纷纷从12号车厢逃出，他们的脸色十分难看，有的甚至吓得连话都说不出了。这时，一名乘客喊道："有人杀人了！"乘客们纷纷开始往较远的车厢逃去，乘务员听到后，一边往12号车厢走去，一边告诉乘客们如何将座椅的坐垫拆下来防身，可以当作盾牌抵挡一下。

当乘务员来到12号车厢后，看到了4个人，有两名女性和两名男性。一名年轻女子在地上艰难地爬行着，似乎想要离开12号车厢，她可能受到了严重的惊吓，双腿已经吓软了，她的手部受了伤，还在不停地流血。另一名女子躲在座椅之间的空隙里，吓得一动不动，而且她也受了伤。在乘务员的帮助下，这两名女子离开了12号车厢等待救助。

另外两名男子就在车厢的走廊中央，他们身上有许多血迹，地上也洒满了鲜血，一名男子骑坐在另一名男子身上，他右手拿着一把砍刀，左手拿着一把匕首，低着头不知在想什么。显然，这名男子正是行凶者，而他身下的那名男子则是被害人，应该受了很严重的伤，因为他躺在地上一动不动，丝毫不见挣扎的迹象。

最终乘务员们合力制服了行凶者，将他控制住等待警察的到来。其实当时行凶者没有做任何反抗，只是呆呆地坐在那里，任由乘务员们夺走他手中的刀具。等乘务员去查看受袭男子的伤势时，发现他早已停止了呼吸，也没有了心跳，他的脖子上有一道很严重的伤口，应该是致命伤，而且他的脸部和胸部也布满了许多刀伤。

晚上 10 点，列车进入小田原车站（希望号列车在新横滨站停靠后会进入高速运行状态，直到名古屋站才会停车）的月台并实施紧急停靠，警方进入12 号车厢将行凶者带走。行凶者是一名 22 岁的年轻男子，戴着一副眼镜，名叫小岛一郎，他一共袭击了3 个人，导致两名女子受伤，一名男子死亡。

死者名叫梅田耕太郎，38 岁，当时他正坐在小岛一郎后面的座位上。在小岛一郎拿起刀具袭击身边的一名女子时，梅田耕太郎立刻从背后紧紧抱住小岛一郎，想要阻止他，那名女子也因此摆脱了小岛一郎的控制。

小岛一郎立刻开始用刀砍向梅田耕太郎，一刀割开了他的颈部动脉，鲜血喷涌而出，梅田耕太郎因流血过多倒在地上。其他乘客看到这可怖的一幕后，纷纷向其他车厢逃去，小岛一郎在追赶的过程中，砍伤了一名女子的背部。就在小岛一郎准备继续砍杀时，他突然发现整个车厢除了自己和 3 名被害人外，已经空无一人。小岛一郎环顾周围后，发现了倒在地上的梅田耕太郎，于是他上前骑坐在梅田耕太郎的身上，用刀不停地刺向梅田耕太郎的胸部和头部，直到梅田耕太郎不再挣扎，小岛一郎才停手。之后，小岛一郎就呆呆地坐在梅田耕太郎的尸体上一动不动，直到乘务员们将他制服。据目击者反映，小岛一郎在行凶时表现得十分冷静，朝着倒在地上的梅田耕太郎狂砍，甚至骑到他身上不停地刺杀，后来梅田耕太郎不再动弹，小岛一郎还是在不停地刺。

在行凶前的几个月，小岛一郎离家出走，然后开始在日本各地流浪，依靠打零工应付日常开销。在 2018 年 3 月的一天，小岛一郎在一家杂货店买了一把柴刀和一把匕首，这两把刀具正是小岛一郎行凶所使用的凶器。柴刀一般被用来砍杀，因此刀刃较普通刀具宽厚，杀伤力也比匕首之类的刀具更强。

2018 年 6 月 8 日，小岛一郎从长野县乘坐远途巴士来到了东京，在游玩了一天后，于 6 月 9 日晚上 8 点在东京站购买了希望号 265 次列车 12 号车厢的坐票，他背着一个书包进入列车，坐在自己的座位上。他戴着一副眼镜，还留着学生头，看起来毫无威胁，但他的书包里正装着他购买的柴刀和匕首，准备随时杀死一个人，然后被警察抓走送进监狱，要么被判处死刑，要么在监狱里免费吃喝等死。小岛一郎早有了这种念头，他曾在网上发帖表达自己因生活困苦想要杀人的想法。小岛一郎也曾将这个想法告诉过舅舅，但舅舅根本没放在心上。

在小岛一郎的生活中，唯一给过他关心的人是外婆，他的父亲、母亲都将他视为累赘，根本不想管他，甚至还将他过继给外婆当养子。

1996 年，小岛一郎出生于爱知县冈崎市一个普通家庭，他是家里唯一的孩子。小岛一郎从小就在父母的争吵声中长大，到他上小学时父母在经历过分居后终于离婚，他开始跟着母亲生活。

作为一名单身母亲，小岛一郎的母亲除了工作外，还要照顾孩子，生活压力非常大。后来，小岛一郎的母亲为了提高收入在康复机构找到了一份工作，这份工作还提供住宿，小岛一郎就这样跟着母亲搬到了员工宿舍中居住，那个时候他刚刚升入初中。康复机构的工作量非常大，小岛一郎的母亲每天忙着工作，根本没时间照顾小岛一郎。

在日本，康复机构主要为患有精神疾病和身体残疾的人提供服务。如果精神病人或身体残疾的病人情况较为严重，那么他们就会得到终身的照顾。如果症状较轻微，那么康复机构就会帮助病人自力更生，再次走入社会。小岛一郎母亲的主要工作就是帮助病人重新适应社会生活。

在小岛一郎进入初中学习的第一天，他的父亲来看他，父亲本想督促小岛一郎好好学习，但小岛一郎却说他的学习成绩并不是最差的。父亲被小岛一郎这种满不在乎的态度激怒了，给了他一巴掌后就离开了。

与同龄人相比，小岛一郎在语言交流上存在一定的障碍，就连运动也比同学们差。于是母亲就带着小岛一郎去了医院，在经过一番检查后医生确诊小岛一郎患有阿斯伯格综合征，也就是自闭症的一种。

阿斯伯格综合征的患者大部分智力正常，但在社交方面存在障碍，不善于与他人沟通，而且还会出现一些强迫症、肢体不协调等现象。总之，阿斯伯格综合征的患者在语言和运动机能上相较于同龄儿童发展缓慢。

对于父母来说，照顾一个阿斯伯格综合征的孩子要比其他正常孩子花费更多的心血，需要通过纠正训练，来使孩子更好地融入社会。但小岛一郎的母亲根本没时间照顾他，父亲也从不关心他，而且小岛一郎还总会被班里的同学嘲笑，因为阿斯伯格综合征的影响，小岛一郎的种种言行看起来很怪异，没有同学愿意和他做朋友。

外婆看小岛一郎很可怜，就将他接回自己的住所，一边照顾他的起居，一边尝试着和他进行沟通。对于小岛一郎来说，外婆是他唯一可以沟通的对象。但外婆家的另一个成员却很不欢迎他，这个人就是小岛一郎的舅舅，他觉得小岛一郎是个怪胎，而且他根本无法与小岛一郎沟通，也无法理解小岛一郎的想法，例如小岛一郎曾对他说，长大后想杀人，然后死去。舅舅觉得很不理解，在呵斥了小岛一郎后就不再和他说话。

初三时，小岛一郎对母亲说他不想上学了，因为他与同学们无法相处，而且学习成绩也很差。在坚持到初中毕业后，小岛一郎就搬出了家，远离父母到政府的福利机构中借宿。

不久，小岛一郎就进入一所定时制高中读书，开始了高中生活。定时制高中是日本的一种教育机构，四年制。与普通高中不同，定时制高中的学生在时间上有更大的自由，不用按照固定时间去上课，只要在规定时间内上满课时，然后通过考试就可以毕业了，相当于夜校。

在定时制高中里，小岛一郎表现得很安静、老实，他不用再担心如何和同学们相处，因为同学们之间的关系不像普通高中那样密切。于是小岛一郎开始专心学习，学习成绩越来越好，甚至取得了全部满分的好成绩，仅仅用了 3 年就从学校毕业。据老师反映，小岛一郎在校期间表现不错，从来不招惹麻烦，本以为他离开学校后会成为一个出色的人，谁料想他会成为一个杀人魔。

2014 年 4 月，小岛一郎去了一家职业培训学校，专门学习机械维修，一年后小岛一郎进入一家机械维修公司工作，8 月他被公司派到四国岛的松山市工作。11 月，小岛一郎因社交障碍无法与同事们相处而离开公司。

之后，小岛一郎回到了爱知县生活，他的父母也在这里生活。小岛一郎在郊区租了一间公寓独自居住，他很快就花光了所有积蓄，就连房租和水电煤气费也无法缴纳，于是他所住公寓的水电煤气被切断了，无奈之下，小岛一郎开始向父亲求助，他希望父亲能给自己提供一个住处，然后有口饭吃就可以了。但父亲拒绝了小岛一郎，他说自己的经济条件也不好，无法接济儿子，还让小岛一郎去找母亲。当小岛一郎找到母亲后发现母亲居住在员工宿舍里，根本无法收留他，不过母亲建议他去找外婆。

小岛一郎没有去找外婆，而是开始露宿街头，以捡拾超市丢弃的过期食品为生。父母的这种拒绝态度让小岛一郎觉得很受伤，他觉得自己是个多余的人，于是就当起了流浪汉，再不和父母联系，只是偶尔会给外婆打个电话。

2016年10月，外婆提出让小岛一郎搬到自己家居住，但舅舅却反对，因为他没有妻子，也没有工作，全靠母亲的养老金和低保生活，如果小岛一郎也来家中居住，那么生活条件会变得更加糟糕。

外婆不顾舅舅的反对，执意将小岛一郎接到家中，小岛一郎开始了自己的宅男生活，每天躲在房间里上网，从不外出。舅舅本就不欢迎小岛一郎，看他每天消沉地待在家里就更加生气，他起初劝小岛一郎外出找份工作，后来开始扬言要将小岛一郎赶出去。

小岛一郎本就敏感，总觉得自己是个多余的人，根本无法忍受舅舅这样的言语刺激，终于他决定不再忍受，告诉外婆和舅舅他要走了。离开前，外婆偷偷塞给小岛一郎10000日元，她能做的也只有这么多了。

几天后，小岛一郎回到了外婆家，他还给外婆带了一个挂钟做礼物，买礼物的钱正是外婆给他的那10000日元。小岛一郎没有再离开，而是在外婆家住了下来，每天都待在房间里上网，从不出门。渐渐地，舅舅发现小岛一郎的精神状态有些异常，于是就安排他去了精神病院。

2017 年 5 月，小岛一郎住进了精神病院。小岛一郎觉得精神病院的生活根本无法忍受，于是就在 9 月份给父亲写了一封信，希望父亲能带他离开医院，不然他很可能会死在精神病院里。接到小岛一郎的求救信后，父亲去找母亲商量如何处理，但他们都不愿让小岛一郎和自己同住。

外婆在了解了小岛一郎的情况后就提出将小岛一郎过继给自己，搬过去和她一起居住，让她来照顾小岛一郎。外婆这么做，是想要多获得政府的一份低保，因为她的经济条件也很差，无法为小岛一郎提供吃住，如果小岛一郎过继给她当儿子，那么他们就是一家人，就能享受低保待遇。在日本，低保是以家庭为单位来发放的，每个家庭成员都可以得到一份低保，但按照规定只有两代以内的直系亲属才属于同一家庭，像小岛一郎就属于第三代了。

舅舅得知外婆的这个决定后，立刻跳出来反对，他觉得外婆的年纪很大，没有几年活头了，到时候照顾小岛一郎的责任就会落到他的身上。外婆不顾舅舅的反对，执意将小岛一郎过继过来。从 10 月起，小岛一郎就正式成为外婆名义上的儿子。小岛一郎与父母之间的关系虽然一直很冷漠，但父母的这种过继举动还是让他觉得很受伤，他感觉自己已经完全被父母所抛弃，他与父母之间再无瓜葛。

在外婆家，小岛一郎与舅舅之间的关系一直很紧张，他们经常发生争吵。舅舅希望小岛一郎不要总是待在家里上网，到外面去找一份工作。但小岛一郎根本不愿意按照舅舅的要求去做，他说自己有残疾，只要向政府申请到残疾证就不用继续待在外婆家了。小岛一郎还总自怨自艾："我是个没有价值的人，我想要自由的生活。如果不能按照自己的意愿去生活，那还不如去死。"在舅舅看来，小岛一郎就是一个只想在家混吃等死的人，只会强调政府应该给他一些福利，这是他应享受的权利，而从不提及自己应尽的义务，与一个寄生虫没什么区别。

或许是和舅舅相处起来很困难，小岛一郎经常会不告而别，在 2018 年 1 月离开外婆家后就再也没回来。离家期间，外婆曾给他打电话了解情况，但小岛一郎却说他想要去旅行。从那以后，外婆再也无法联系到小岛一郎，直到得知小岛一郎因行凶被捕。外婆在接受采访时说："一郎是个懂事又安静的孩子，经常自我否定，也常常因人际交往而苦恼。"小岛一郎经常在网上发帖说自己活着毫无意义，想要赶快死去。舅舅则表示："发生这样的事真让人觉得不可思议，他从未做过伤害别人的事情。"

被捕后，小岛一郎成了记者们的追查对象，他的个人资料和背景都被记者给挖掘出来，全日本新闻网的记者还专门到他的外婆家去了解小岛一郎的爱好。记者发现小岛一郎与许多罪犯不同，既不打游戏也不看漫画，而是喜欢阅读一些经典著作，例如《罪与罚》《圣经》《麦克白》等。据外婆反映，小岛一郎在读书的时候十分认真，例如每次阅读完《圣经》都会认真地写下读书笔记。

## 【自闭症与共情障碍】

共情是社会性动物所拥有的重要情感能力，如果没有共情，那么人与人之间就无法进行交流，也无法代入他人的想法，无法做到换位思考。这样一来，社会规范就会形同虚设，人类社会就无法形成，因为人与人之间无法凝聚在一起。在人类社会中，绝大多数人都有共情的能力，例如看到别人痛苦自己也会有痛苦的感觉。但并不是所有人都有共情的能力，像精神病态者就没有，因此精神病态者很容易触犯法律，与精神病态者相处也是一件十分痛苦的事情，而且连环杀手多是精神病态者。与精神病态者一样，自闭症的患者也有共情障碍。

阿斯伯格综合征属于自闭症的一种，此类患者也存在共情障碍，在人际交往上就是一片空白，而且在社交场合里会觉得紧张甚至恐惧，因为他无法理解他人之间的交流，因此阿斯伯格综合征的患者在他人眼中就如同怪胎般，而患者也总会逃避社交场合。小岛一郎从小饱受社交障碍的困扰，他不懂如何与人交流，因此在学校里既不受人欢迎，学习成绩也不好。后来，小岛一郎进入定时制高中读书，不用费心与同学交往，他的学习成绩开始稳步提升，甚至还取得了满分的成绩。

如果说阿斯伯格综合征患者有共情障碍，那么典型自闭症的患者就存在共情丧失的问题，也就是说典型自闭症患者的问题更为严重，他会将一个人当作物品一样对待，无法分清人和物品之间的区别，更别提如何与一个人产生共情了。

共情存在情感和认知两个方面。对于一个正常人来说，他具有情感和认知两方面的能力，既可以识别他人的情感、情绪，也可以对他人的情感、情绪感同身受。对于精神病态者而言，他虽然没有共情情感，但却有共情认知，这也是许多精神病态者可以伪装成正常人的原因所在，因此精神病态者可以轻易地融入某个社交圈子中，因为他深谙社交技能。但自闭症患者不论从认知上还是情感上，都无法产生共情，这导致自闭症患者难以融入社会中。

虽然自闭症患者有共情障碍，但并不危险，像小岛一郎这样随意伤人的自闭症患者十分少见，因为自闭症患者的系统化能力特别强。人是一种需要控制感的动物，因此人能从各种随机事件中总结出规律，从而根据规律进行提前预测，并从中获得控制感。如果一个人的控制感遭到威胁，觉得整个世界都是混乱无序的，他会觉得自己处于各种随机事件的摆布之下，于是不安和焦虑就会出现。人对控制感的需求从某种程度上来说是对秩序的渴求，而自闭症患者会将这种能力发挥到极致，会从自然界、人类社会中寻找到某种模式，然后对其进行系统化，因此自闭症患者会总结出某种自然规律和社会真理，例如爱因斯坦所得出的相对论。

自闭症患者虽然无法通过共情能力来遵守社会规范、道德准则，但却可以通过系统化来做到这一点，因为自闭症患者一旦形成了某种体系，就会完全按照该体系生活，乃至于出现强迫的倾向，例如在电影《雨人》中，雷蒙在疗养院中过着一成不变的生活，就连书架上的书的位置也不能发生丝毫变化，在被弟弟查理带走的途中，也要遵守固定不变的生活仪式，不然就会情绪失控。

一旦自闭症患者形成了道德系统，那么他就会严格遵守道德准则，不允许任何人钻空子，如果有人出现违反道德准则的行为，那么他就会站出来指责对方的这种行为。因此自闭症患者虽然存在共情障碍，乃至存在零度共情，他也不会对他人产生威胁。但小岛一郎的成长环境没有使他形成这种道德系统，因为他从小在一个缺爱的环境下长大，父母从来没有关心过他，还总会在关键时刻抛弃他。